U0902210

彭霞——著

婚姻不是爱情的穷途末路

Marriage is not the worst ending of the love

台海出版社

图书在版编目（CIP）数据

婚姻不是爱情的穷途末路 / 彭霞著 . -- 北京 : 台海出版社，2017.12
ISBN 978-7-5168-1611-0

Ⅰ . ①婚… Ⅱ . ①彭… Ⅲ . ①婚姻—通俗读物 ②爱情—通俗读物 Ⅳ . ① C913.1-49

中国版本图书馆 CIP 数据核字（2017）第 257475 号

婚姻不是爱情的穷途末路

著　　者 | 彭　霞

责任编辑 | 王　艳　曹文静　　　策划编辑 | 郭海东　张　颖
装帧设计 | 十　三　　　　　　　责任印制 | 蔡　旭

出版发行 | 台海出版社
地　　址 | 北京市东城区景山东街20号　邮政编码：100009
电　　话 | 010 — 64041652（发行，邮购）
传　　真 | 010 — 84045799（总编室）
网　　址 | www.taimeng.org.cn/thcbs/default.htm
E — mail | thcbs@126.com

印　　刷 | 北京嘉业印刷厂
开　　本 | 880 毫米 × 1230 毫米　1/32
字　　数 | 168 千字
印　　张 | 8
版　　次 | 2018 年 2 月第 1 版
印　　次 | 2018 年 2 月第 1 次印刷
书　　号 | ISBN 978-7-5168-1611-0
定　　价 | 39.80元

前言

凡尘之爱，懂得才能拥有

从古至今，爱情是个永恒的话题，而婚姻是爱的结局。这个结局是否完美，每个人有每个人的体会。家庭美满幸福的，其婚姻自然是爱情的延伸，不和谐的婚姻，便成了爱情的坟墓。

于是，如何选对一个人去相爱，如何与爱人相处，对我们的家庭幸福来说尤为重要。如果我们每个人能明白爱情与婚姻是两个不同的概念，在对待它们时内心必能区别待之，不会为生活中的琐事而斤斤计较，不会极不放心地千万遍追问你是否还依然爱着我。

爱情是相互的爱慕与好感，是激情与燃烧，是花前月下，是美酒与月色，没有唠叨与生活的重负，因此爱情是一种享受。加上你的一切于他都是新鲜的、充满着朦胧的美感，故你的一举一动都能冲击着他的心扉，他的视听全被你蒙蔽。在这片爱的土壤里，你可以任性地撒娇，他绝不会认为你幼稚、可笑与做作，反而觉得这种表现娇柔而富有魅力。因此，爱情从来不需要精雕细琢，它也是美的。

而婚姻则是柴米油盐、孩子、奶粉与尿布等生活琐事，是激情殆尽后的责任与义务，是两个人在一起的相互包容与理解，是约束，更是一种牺牲，除了默契或生活琐事的争吵与怨言，再也没有了甜言蜜语，没有了那种生死不离的感觉，日子平淡如水，毫无滋味。故很多人走进围城后，受不了围城的这些约束与生活的琐碎，感受不到婚姻的美好，又不得不失望地冲了出来。于是社会上出现了一种怪现象，围城外的人想进去，而围城内的人又想冲出来。

我们真正懂得了爱情与婚姻的真谛后，就会将爱情变得甜如蜜，将婚姻变得美满和谐，成为爱情的不老神话。

当我们遇见爱的人时，不仅要大声说出来，向对方表白心迹，用真心、柔情、尊重与忠贞对待另一半，还要懂另一半，融入对方的心里，才能收获甜美的爱情，让爱开花结果。

爱对了是缘，我们要好好珍惜；不爱了，证明缘分已尽，我们应适时放手，不纠结过去，迈开步子，重新追寻新的爱情。灯火阑珊处，总有一人敞开怀抱站在那里等候你的到来。

步入围城，相爱的两个人，由新鲜到熟知，激情消退，各种缺点也逐渐暴露。此时，我们要做的是相互包容、相互理解。要知道，没有人生下来就是完美的。男人身上有缺点，同样，女人身上也有。当孩子降临时，夫妻两人要承担家庭的责任与义务，赡养老人，养育孩子，应对生活中的人情世故与工作的压力等问题。这些事情常常搅得人精疲力竭，哪有心思与时间在每个下班后的仅有的一点休息时间来场恋爱时的浪漫之约与花前月下的柔情蜜语？此时，夫妻之间因过于熟悉，由爱情逐步转化为亲情。这种由爱情演变而成的亲情，是一种牵挂，一种理解与信任，是生活上的关怀，更是彼此在一起的心灵相通。他们在生活上相依相伴，相互扶持，共同面对苦难，用信任与理解支持对方的事业，运用生活的小智慧融入对方的心，而不是撒娇、撒泼与蛮横无理的取闹。作为女人，你可以不漂亮，可以不挣很多钱，但必须有着成熟、贤淑、温柔与知书达理的内在之美。

全书共分6辑、42个小节，每个小节都包含几个小故事。对于爱情与婚姻，每个故事都有深刻的感悟，它教女人理性对待爱情，智慧对待婚姻，你会发现爱情不仅仅是鲜花与甜甜的果汁，它还有遇人不淑的烦恼与愁绪；婚姻不是坟墓，而是温暖的巢穴，是我们休憩、滋养身心的场所，向前拼搏的加油站。

此书献给那些正在寻找爱情或已拥有了爱情，即将步入婚姻或已步入婚姻的女性朋友，让她们不再为情感烦恼，不再在围城里撞得头破血流，给予她们幸福与和谐生活的密码。

懂得，才能拥有爱，是生活的哲理，也是生活的大智慧。不懂爱的人，撞得鼻青脸肿，撞得头破血流都有可能。

目 录

第一辑 懂爱的人才能有爱

正如歌手王杰所唱："懂爱的人，即使伤她最深，心中也从来不恨。"懂爱的人内心藏爱，所以宽容大度，你若安好，便是晴天。他们珍惜缘分，不计较过程，得失不争，人生的风风雨雨已教会他们平平淡淡相守才是最真。

第二辑 / 遇见是爱，转身亦是爱

因为爱你，我们相遇；也因为爱你，所以不羁绊你飞往更幸福的地方。遇见是爱，转身亦是爱，相识是缘分，相恋是福分，虽不能在一起，却留情义在。

第三辑

你为我行走四方，我为你洗手煲汤

夏花虽绚烂却只能盛开一季，松柏虽平淡却能永远长青。轰轰烈烈的爱情，抵不过平平淡淡相濡以沫一辈子。

第四辑 陪伴是最长情的告白

点滴小爱，汇成涓涓爱的河流。婚姻生活无大事，一粥一饭，一举手一投足而已。柴米油盐酱醋茶，事虽小，做好它，你便会享受到如春般的温暖情怀。

第五辑 男人凭什么爱你

爱从来都不是无缘无故的，也不是毫无道理的。因为你触动了他内心的柔软情怀，打动了他，成就了他，让他懂得了爱与怜惜。

第六辑 幸福是智慧，也是品性

幸福不是谁天生就有，而是需要智慧与技巧，更需要持之以恒、不畏艰难地去追求。一个对幸福有着智慧认识，并有着执着追求的良好品性之人，才能拥有幸福。

第一辑

懂爱的人才能有爱

正如歌手王杰所唱：“懂爱的人，即使伤她最深，心中也从来不恨。”懂爱的人内心藏爱，所以宽容大度，你若安好，便是晴天。他们珍惜缘分，不计较过程，得失不争，人生的风风雨雨已教会他们平平淡淡相守才是最真。

若爱是奇迹，愿它在你身上显灵

佛祖曰：世间万物，一切皆有可能。相爱的两个人，只要保持一颗执着的心，定能让爱产生奇迹。山东临沂大学学生魏丕菊，不离不弃照顾患了尿毒症的男友陈雷，并用爱见证了生命的奇迹。

魏丕菊和男友陈雷本是青梅竹马的一对，两人不顾文化水平的差异相恋了。2005 年，男友被查出患上了尿毒症，这对于正憧憬着幸福生活的两人都是一种打击。尤其是男友一蹶不振，担心拖累女友，他让女友离开自己，寻求幸福生活。可魏丕菊没有选择离开，而是不离不弃地照顾着他。她相信爱会产生奇迹。

当男友在医院透析时，魏丕菊在医院附近租了一间小而便宜的房子，只为方便照顾生病的男友。那时，魏丕菊上班的工资很低，她将自己的工资全部积攒下来给他治病，在男友父母的帮助与魏丕菊无微不至的照顾下，医生预言只能活三个多月的男友，居然又活了两年多。当《齐鲁晚报》的记者采访他时，他十分感激地告诉记者："没有女友，就没有我的今天。"

在他最艰难的时刻，女友魏丕菊从未放弃过希望，并为男友做出了各种努力，是她的诚心感动了上苍，才让这对恩爱有加的男女战胜了病魔的纠缠，并将一路幸福地走下去。

爱就要真诚、坚定、执着。“精诚所至，金石为开。”只要专心致志地去做一件事，没有什么不能成功的。很多爱难以产生奇迹，就在于难以坚持下来。很少有人会有那种耐性，抛开钱尽一切努力不说，还日日守候在病床前，无微不至地照顾。相信有很多女性遇到这种情况，早就逃之夭夭了。只有对爱执着、坚定的人才能做得到。

相信爱能产生奇迹的人，他势必不抱有自私心理。他的胸怀是博大无私的，根本就没计较过利益得失。要知道，他所付出的一切，也许做的是无用功，却仍抱着一线希望在做。因此，他们要比常人付出更多。

我的伯父就是这样一位相信爱能产生奇迹的“奇人”。

伯父并不是医生，而是天天摸着泥疙瘩的农民。可他凭着几本医书，居然奇迹般地治好了伯母的病。这事在我们那个村变成了一个传奇。

记得我还很小的时候，伯母患上了严重的血吸虫病，面容消瘦发黄，腹部胀大如鼓。送至医院，医生摇着头说：“太晚了，治好的希望很渺小！”家穷，又怕白花钱，伯母坚决不治疗，执意要回家。

就这样，伯母出了院，回家等候她最后的岁月。就是在这时候，伯父才迷上医书的。远房堂伯是有名的中医，家中藏有好多本中医学方面的书。伯父在忙完地里的农活后，便骑上两小时的自行车到镇上的堂伯家，不仅向他借医书，还咨询血吸虫病的相关知识。

那时的医疗水平有限，晚期血吸虫病仍是尚未攻克的疑难杂症，堂伯也帮不上什么忙，伯父便带着医书回了家。

此后的时间，仅念了三年小学的伯父，在忙完田间地头的农活后，便捧起书本，正襟危坐而读，谁也不敢打扰，那股认真劲儿俨然一个紧张奋战高考的学生。读完向堂伯借的医书，伯父还不满足，戒了烟，省下烟钱，又买回了不少医书回家看。

那天，天下起了小雨，而正在全神贯注看着医书的伯父却浑然不觉。两个堂妹也不敢打扰他，将晒在门前的稻子装进了一只大麻袋。由于麻袋实在太沉，她们姐妹俩连拖带拽，却怎么也无法将麻袋弄进家。

坐在门前躺椅上休息的伯母，实在忍不住了，朝向内屋看书的伯父不满地嚷道："老彭，下雨了，都老了，还念个什么书？难不成让孩子们干活，供你上大学？"

听说下雨，伯父才惊慌合上书本，走出来，迅疾帮着抬麻袋。

伯父看书很慢，一字一句都要念出来，并且，念得抑扬顿挫，如唱歌般。

每当伯母责怪伯父将家务推给两位堂妹，自己却捧起书本时，伯父要么不理会，要么摇头晃脑地"唱"书。

他那样念书的目的，显然是读给不识字的伯母听的，让她知道，他的书是为她而看，并非闲书。

也不知看了多少本医书，买了多少副不同的药，熬汤喝后，伯母的病居然奇迹般地好转了。自此，伯父便在我们和村人眼中成了“神医”。

后来，康复了的伯母常戏谑伯父说：“我是他的试验品呢！”伯母的戏谑带着一脸笑容和幸福的满足感。

那时，我的“神医”伯父便只会嘿嘿地笑。其实，连他自己也不知道，到底是哪副药医好了伯母的病。

只有我知道，因为爱着，才会尽一切力量去挽救伯母的生命。奇迹的发生，在于有一颗坚持不懈的爱心。

有一对非常相爱的夫妻，丈夫在一场车祸中受伤严重，经抢救后，医生告诉焦急守候在门外的她说：“情形很不乐观，即使抢救过来，以后也只能成为植物人。”这一消息犹如晴天霹雳，让她愣住了。面对高额的抢救费用，她实在难以支付。在决定是否继续抢救，还是放弃抢救时，在众亲属的反对声中，只有她坚持继续抢救，她含着眼泪、咬紧牙关说：“无论欠多少钱，都由我来还。”她想，即使他成为植物人，她也要照顾他一辈子。

历经六天六夜，丈夫终于抢救过来了，可也欠下了大笔的债务。被抢救过来的丈夫完全没有知觉，妻子日夜守候在其身边。

她每天和他说话，唱歌，叙说着开心的事、烦恼的事，可植物人丈夫都不回应。直到有一天，她又在和丈夫说话时，忽然发现丈夫的眼角竟然有泪水，那一刻，她欣喜若狂，丈夫醒了，丈夫有知觉了。她赶紧叫人过来送丈夫去了医院，在她精心的照料下，丈夫慢慢睁开眼睛，并一眼认出了她。那一刻，夫妻俩紧紧地拥抱在了一起，任泪水肆意流淌。

这就是爱的力量，它强大、温暖，能唤醒一位毫无知觉的植物人。只有内心足够温暖，且拥有坚定不移的信念的人才能拥有它。

妥协才是爱的悲剧

有些伤害，跟自己一生的幸福相比，确实算不了什么。女人难免会遇人不淑，遇到渣男时，有女人不甘心，选择死缠烂打；也有女人觉得他不爱我了，而我还爱他，这滋味好痛苦，还不如死了好，于是，她们要么选择醉生梦死的生活，要么站在高楼或河堤上选择潇洒一跳。悲哉！一条鲜活的生命就这样消失了，能对渣男有所触动吗？还能挽回渣男的爱，指望他陪你纵情一跃，到阴间做对鬼鸳鸯吗？真正能触动的怕只有深爱你的亲人。他们才是痛不欲生，肝胆欲裂。不过，想想，无论受到了怎样的伤害，都不至于这样。不过一渣男而已，离开了他是你的幸运，你应该高兴才是。即使不是他先离你而去，你也应该果断离开他。没有渣男挡道，说不准幸福已在来的路上向你招手了。

当女人受到爱情的欺骗时，除了悲伤、难过，还有愤怒，很少有能装作什么也没发生地控制住自己的情绪，不让自己再去受伤。我们看看她是怎样做到的。对于这位智慧的女性，为方便称呼，我用第三人称“她”来代替。

她心灵手巧，除做得一手绣花活外，还开了一家店，专接替人绣花的活，月收入还不赖。只可惜，她身材矮胖，长相难看。

长相英俊、身无分文、流浪至这座陌生城市的他，因了她的资助，生活才得以稳定。为从她身上获取更多利益，他用甜言蜜语哄她，且每天送她一束花。她为他表象的痴情所感动，爱得如痴如醉，如傻如狂。他们很快同居了。

在她的资助下，他找到了好的工作，有了新欢，并对她挑剔起来。一切，她仍不知。

他说她太胖，她便节食，顿顿不吃，即使饿得胃疼，也不吃，她要让自己苗条起来。只因，他答应要娶她。

他说她太矮，她便上网找增高食材，吃得面黄肌瘦，仍然不放弃。

睡至半夜，他饿了，说想吃鸡蛋面。她连忙起床，尽管不知如何做，从小到大都是父母做给自己吃，便打开电脑查做法，上厨房，折腾半天后，笑盈盈地端给他。

听说他老家父亲治病需要钱，不由分说，她取了自己存款交给他。

他说，弟弟上大学还差钱，她又取了一部分交给他，然后，拼命加班加点地工作。

他又说，自己盘下了一间门面房，需要钱，她没多说什么，仍是从银行取了款交给他。于他而言，她成了他的提款机。

为他，她学会了精打细算，不再买高档服装，不再买化妆品。只要他喜欢的，她就买。有人说，她傻，只有女人花男人的钱，哪有男人花女人的钱的？她笑笑，不置可否。她觉得能让喜欢的男人花自己挣的钱，很有成就感。他也向她承诺，待自己弟弟完成学业，便同她结婚。她幸福而又满怀憧憬地等待，于是，又不断给他家里寄钱。三年时间，她给了他全部积蓄。

他突然失踪了。有人告诉她，曾见到过他与一漂亮女子租住在不远处的某个胡同。她知道后，并没有表现出怎样的伤心与悲痛，而是继续绣花，忙碌自己的小店，一切有条不紊。所有的一切，似乎并未发生。

有女友为她鸣不平，她应该找他算账，要回她所有的钱。至少，她应该为失去的钱与被骗的爱情大哭一场的。

她淡然一笑说，这些都不重要，重要的是，没嫁给他。

男人骗的只是她的钱与爱情。钱没了可再挣，爱情没了也可以再有，所幸，没将自己一生的幸福交给他。

看得出，女人一直都是爱着这位渣男的，可这位渣男却一次次地欺骗她的感情，包括骗取她的财物。不过，处于爱情中的女人大都不理性，在被渣男骗光了钱财与感情，从她眼前消失后，她才醒悟过来。后悔还晚吗？当然是不晚的，女人很乐观，只因，这不是最坏的情形。所幸，渣男及时离开，自己没将终身的幸福托付于他。

人的一生中，总有些事值得你庆幸。爱情的伤害，金钱的得失，一切一切，只要你有一颗豁达的心，便没有任何痛苦能占据你的心灵。因为，它还不算是最坏的情形。

有人受到一点伤害，便觉得天都要塌下来了，自己也不活了。尤其是年轻人，在感情上受到一点点挫折，就受不了，便觉得整个世界都抛弃了他（她），人一冲动，便什么违法犯罪的事也干得出来。你不要我了，这么漂亮的脸蛋被别人抢走了可惜，于是泼硫酸毁女友容者有之；你不要我了，我也不让你好过，就让胸中的愤怒转变成熊熊燃烧的大火吧！看你救火，我高兴！于是，纵火者有之；你不要我了，能这么轻易分手吗？赔偿我恋爱损失！什么？不赔！那就白刀子进，红刀子出吧！看你长了几个脑袋，敢不要我？于是，也有为爱而杀人者。

在人的一生中，金钱与爱情都算不了什么。如上个故事里的女人所说，钱没了可再挣，爱情没了可以再有。没有了这些，并不影响到一辈子的幸福。只因，生命还在，生活的激情也在，它们是创造幸福的根本。

如果因爱受伤而自杀，失去了生命，谈任何事都没有意义了。

如果因爱受伤，失去了生活的激情，你拿什么换取明天的幸福生活？多年前，在外地工作时，曾见过一女孩失恋了。男友抛弃了她，另寻新欢，女孩整天流泪、哭泣，愤怒时大骂男友。女孩同我关系不错，我便耐心开导她，开导的结果是，女孩不再整天哭了，我真替她高兴，还以为她走出了情感的泥沼呢！没料，她竟然同时和几个男孩一起鬼混。有次在公司宿舍后面那块空地，遇见她同时被两个男孩抱着亲吻，她也不拒绝，貌似很喜欢这种游戏。我满脸羞涩地匆匆退出，她也看见了我，却是什么也没说。再次遇见她时，我不想和她说话，扭头就走，她却叫住了我，眨动着那双乌黑的眸子，得意地对我说："那天的事，你也看到了，我是做给他看的。"他，指的是前男友。因前男友也仍在公司，她的一举一动，理应会有所知晓。女孩的话吓了我一跳，明白过来时，便觉得女孩傻得天真。以作践自己的方式，来赢得男友的心！真有回心转意的男友，也被你的举动吓坏了。他会想，竟然是如此不自重的一位女孩，原先真没看出来，所幸早已分手，不然，得给自己戴多少顶绿帽子啊？

既然男孩已同你分手，便说明内心已是不爱，抑或觉得两人在一起不合适。你的自虐、自弃，并不能触动他的神经与你重修旧好。不爱了，就是不爱了，强扭在一起也不会幸福。他的离开，不是坏的结局，而是幸福的开始。倘若，两个不爱的人因婚姻一辈子捆绑在一起，那才是悲剧了。

无论是失恋中的男女，抑或是分手了的夫妻，别悲观、难过与失望，心胸要豁达，性情要开朗。要知道，钱没了可再挣，爱情没了还会有，要永保生活的激情，才能对自己未来的幸福负责。

饮食男女，烟火人生

“红尘一醉，愿得一人心。烟火夫妻，白首不相离。”这首诗写出了幸福婚姻的常态，它必定与烟火是分不开的。柴米油盐酱醋茶，在锅碗瓢盆的交响曲中，才能见证生活的真滋味。地位再高，名声再大，也必须有一日三餐与睡觉的一张床。

幸福的婚姻不全是风花雪月与浪漫桥段，它是两个人实实在在的生活。当然就离不开吃喝拉撒等俗常琐事。就是这些俗常琐事，让一些走进围城中的人渐渐消耗了对幸福生活的美好向往，同时，也失去了对另一半的包容与理解。

杜丽是我一位邻居。婚前，丈夫在杜丽眼里是无比美好的，留美博士，外表高大英俊，举手投足间都透着一股儒雅之气，简直是她心目中理想的白马王子。她疯狂追求他，一年后，她终于如愿以偿，和他走进了婚姻的殿堂。

婚后，她向我抱怨，她心中的白马王子吃饭时会发出“吧唧吧唧”的响声，睡觉时会发出很重的鼾声，不洗澡就上床睡觉，脱下鞋子，满室都能嗅到脚臭味，这男人怎么那么多缺点？她现在每天面对的是油盐酱醋茶，难道这就是她追求的理想爱情与幸福婚姻吗？她说，她厌烦了这种生活，变得非常失望，很多次都有冲出围城过单身生活的冲动。即使住在隔壁，我也经常能听到她在发脾气，在丈夫面前，也不再注重衣着打扮，而是以一幅邋里邋遢的面孔示人。她丈夫也曾向我老公抱怨，这也看不惯，那也看不惯，动不动就发脾气，真不知相恋时那个温柔有加、通情达理的女子哪里去了？他们相互嫌恶，抱怨着，直到丈夫有了外遇，婚姻也就走到了穷途末路。

从调查中得出，有很多离婚的高知家庭，夫妇双方都没有太大的过错，只是生活中丁点小缺陷都不能容忍，生活在一起感觉厌倦了，于是，不欢而散。

婚前，总有人把自己倾慕的对象称为“男神”或“女神”，而婚后却很少再有这种称谓。实实在在的烟火人生里，每一对男女都离不开琐碎的生活小事，他们同吃、同睡、同患难、共享乐，谁还是谁的“神”呢？既然人不是神，难免就会有缺点与小错误，我们何不以一颗包容的心去对待？婚姻和谐了，两人相依相伴，互帮互助，自然彼此都幸福了。

每个人都要吃饭，都要一张床睡觉，因此，烟火人生的日子离不开物质与经济基础。不要认为女人势利、贪财。没有柴米油盐，她们吃什么；没有一张床，她们怎么睡觉？交不起住院费，她们生不了孩子，看不了病；买不起奶粉，孩子要挨饿；没有安放一张床与生活用品的房子，她们住哪里？不可能让她和孩子一起都跟着你睡马路边上吧？

有些男人自己不努力，讨不到老婆，便总是抱怨，如今的女人都势利，于是伤心、失望、自暴自弃，对女人再也不抱希望。更有男人离婚时，将一切责任都推到女人身上，认为过错全在女人对物质的追求上。

经济是婚姻的基础。没有经济条件作保障，婚姻是很难维持的。并非每个女人都希望自己能嫁入豪门，或要求自己的丈夫成为亿万富翁。大部分女人，她们的要求并不高，她们只希望拥有一份平淡而幸福的婚姻生活。有最基本的物质保障，能吃饱穿暖，夫妻恩爱，家庭和睦美满，走出去能够有自信、有尊严，这才是女人真正想要的幸福。

幸福的婚姻不要流于一种形式，它是发自于内心深处的爱，踏实而温暖，不虚幻，不形式。

有位妻子老是埋怨丈夫不够浪漫，情人节那天，闺蜜们在朋友圈里晒丈夫送给她们的礼物，有送玫瑰花的，有送巧克力的，有送首饰的，更有陪着妻子共进晚餐的。那一幕幕令她羡慕得眼圈都红了。因为，情人节这天，丈夫不仅没给她送任何礼物，而且还加班到很晚才回家。她很生气，丈夫也太不把自己放在心里了。一连好多天，她都没有理他。直到有一天，她母亲患重病住院，急需二十万元动手术。她哥哥刚买了房，每月还房贷，日子已是捉襟见肘，根本拿不出分文。父母的微薄积蓄全部给了她哥买房，也拿不出钱。此时，丈夫毫不犹豫地拿出二十万交给她说："今年加班多，收入还不错，拿去给咱妈治病吧。"那一刻，她感动得哭了。不为这二十万元钱，而是为他对母亲的那份孝心，还有对自己的爱。危难时刻救助她母亲，这份孝心难道不是对她最深的爱？相比那些花、巧克力的价值不知要高多少倍。从此，她不再羡慕那些闺蜜们。她知道，丈夫的礼物会一直为她留存着，在她或她的家人最需要的那一刻。

婚姻一旦离开了烟火，便犹如缺水的鱼，长久不了，可又有多少偏爱浪漫情怀的男人懂得？直到有一天，幸福随着烟火远去时，才懂得俗世里的她更好，可一切都已经太晚了。

李铭是一家外资企业的市场总监，随着职位的升迁，收入的增加，与漂亮职员李依依的恋情也由地下转到了公开场合。直到有一天，妻子发现他们的恋情，提出了离婚。李铭求之不得，和李依依共同生活，开始他们的浪漫人生之旅，是李铭几年来一直渴盼的。

李依依年轻漂亮，情趣高雅，远比那位只知柴米油盐酱醋茶的妻子有意思多了。因此，在离婚时的财产分割上，李铭毫不犹豫地将市中心的那套住房给了前妻。离婚后，他和李依依搬到了公司宿舍，很快办理了结婚证。

拿到结婚证的那晚，搂着新婚的妻子，面对新婚妻子的千娇百媚，李铭感恩涕零。三年的地下恋情，终于修成了正果。李依依是他喜欢的那种类型，俏皮、前卫，总能以各种方法给他带来新鲜与刺激。只是新婚妻子不会做饭，他也不会做，饿了他们就出去吃，晚上吃完，再看一场电影后回家或泡吧、K歌通宵达旦。就这样，他们日日浪漫，夜夜逍遥，过得好不快活！转眼，半年过去。

有一段时间，可能是在外吃了不干净的食物，李铭开始拉肚子。连续拉了好几天，拉得人精疲力竭，几乎站不稳。他厌烦了一日三餐都叫外卖的生活，很想吃一顿家常饭。可新婚妻子摇着头说，自己做多麻烦！还是叫外卖吧！说完，不理会他的不适，继续窝在沙发里看又臭又长的电视连续剧。

他想，前妻每天做，顿顿做，怎么就没嫌过麻烦？

他只好无奈地自己动手了。淘米，洗菜，学着记忆中前妻的模样剁鱼块，煎炸。好一阵手忙脚乱，总算熟了，可鱼黑了，汤很咸，饭成了粥。饭桌上，新婚妻子尝了一口，皱着眉头说：“真不知你是怎么做饭的，这能吃吗？简直比猪食还糟！”

没待他说什么，新婚妻子就极不高兴地扔下筷子，独自进了卧室，并落下一句：“不会做，就别逞能！”

他觉得很委屈，自己在外辛苦打拼，给她安定舒适的生活，想吃顿温馨的家常便饭怎么那么难？

他想起了前妻，无论什么时候回家，都有热气腾腾、香喷喷的饭菜等着他，即便他半夜回家，她也一定会半口不吃地守在桌前等他。至今想起来，那是多么温馨感人的一幕。

更令他难以忍受的是，新婚妻子买起服装和化妆品毫不手软，一套价值三千元的情趣内衣，冠以找情调的名义，眼都不眨就买了下来。为寻找浪漫与新感觉，执意到酒店订豪华套房进行烛光晚餐。结婚仅三个月，就刷掉了他近四万元的卡，还计划着每半年要和他进行一次国外浪漫之旅。自己年薪才十多万，照这样下去，哪能承受得起？何况，还有家乡年迈的父母需要他赡养。他觉得压力很大，生活一点也不浪漫。

前妻就不同了，舍不得给自己买新衣，女儿淘汰的，便是她的，她说，能穿就行，买新衣要花钱的。邀她去上海看世博吧！她说累，还花钱。生日宴，总是自己在家做，口感比外面宴会上的还好。往外掏腰包的事，她都舍不得。这样，一年下来，除了给老家父母寄些钱，还能存个十万、八万来买车，买养老金。前妻常说，多存钱吧，以后，花钱的地方多着呢！他曾鄙视过前妻的俗，什么都离不开钱。如今才发现，前妻的俗才是最可爱的地方。

想着前妻的好，他痛苦地闭上了眼睛。他怎么也想不通，自己日夜期盼的生活为什么变成了这个样子？

原以为，唯有浪漫的爱情，才叫爱情，才会幸福。如今才发现，浪漫是浪漫，幸福是幸福，两者没多大关系，只有俗世烟火的爱情才属于凡人。他开始怀疑与新婚妻子的爱，是真爱吗？

女人在爱着对方时，就是要用饭菜暖着他的胃，用舒适的家居环境安放他劳累一天后的疲惫身躯。唯有家中充满着烟火气息，男人才能在下班后不忘记家的方向，这样的婚姻才能坚如磐石，幸福永久。

男人在爱着对方时，不要嫌家中的那个她唠叨、俗气，没有情趣，不懂浪漫，她把所有的爱都倾注在为家人操劳的过程中，谁能懂得她的艰辛与不易？高雅、情趣与浪漫满足不了一家人最原始的生活需求。

在走向幸福的路上，围城中的两个人都要且行且珍惜。只因，炽热的激情会在漫长岁月里消逝，而浸润着烟火味的夫妻，却会日复一日地为婚姻筑起最坚实的堤坝。

幸福，转了一个弯

众所周知，在一个家庭中，最难相处的是婆媳关系、岳父母与女婿的关系，乃至双方兄弟姐妹与亲属的关系。

她与他结婚没多久，他谈得最多的便是他的母亲。他说，他的母亲独自将他抚养长大，吃了很多苦头，婚后，他要让母亲过上幸福的生活，为母亲做他能够做到的一切……

她嘴上虽不说，可心里却不痛快。她也有母亲，母亲为她操劳一生，同样也付出了很多，他怎么不提孝敬岳母呢？丈夫的孝顺固然难能可贵，在家庭生活中，她会不会因为婆婆而受到委屈呢？她心里一点也没底。

故临近春节，他提出要带她回老家看望自己母亲时，她心里是有些忐忑不安的。毕竟，婆婆不是自己的妈，不能想说什么就说什么，想做什么就做什么，事事都得受约束。

经历了一天一夜的火车颠簸，总算到了婆婆家。见到初次过门的儿媳妇，婆婆非常开心，杀鸡撵鹅，忙碌个不停。忽然间她才想到，由于走得匆忙，竟然没有给婆婆准备丁点礼物。

倒是丈夫想得周到，拿出一盒风湿止痛膏递给她，朝正在厨房里忙碌的婆婆努努嘴。她拿了药进厨房，递给婆婆说："听说您有风湿腿痛，这是志明买给您的。"志明是丈夫的名字。

婆婆还没回过神来，丈夫便抢着说："不就是你自己买的吗？这有什么不好意思承认呢？"说完，丈夫朝她挤挤眼。婆婆激动地拉着她的手说："还是闺女好，懂得疼人呢！"她微微一笑。那顿饭，婆婆做得非常用心，向丈夫打听她喜欢吃啥，尽挑着她喜欢的做。那一刻，她觉得与婆婆的距离拉近了很多，三人其乐融融吃饭聊天，婆婆不时会给她夹上她喜欢吃的菜，她觉得幸福满满。只因，丈夫把对婆婆的爱，再由婆婆转交给了她。

在婆婆家，她非常开心，和婆婆形同母女，每天都有说不完的话。想着过春节，哥嫂因忙碌没回，父母也非常孤单，在婆婆家住了近一周后，她又带着新婚的丈夫回到了父母家。新女婿第一次上门，父母当然也是非常高兴，忙碌个不停。

丈夫也显得特别灵活。一会儿同母亲拉拉家常，一会儿又同父亲下棋，哄得两位老人高兴得合不拢嘴。

就在她仍如往年回家一样，给父母一些钱时，丈夫却变戏法般从随身携带的行李包内拿出了分别买给父母的礼品，就连七十多岁的奶奶与五岁的小侄儿都有份。看着家人开心的样子，她才知道，这些礼物远比她给父母的金钱有价值，父母其实不差钱，她感到惭愧。

回城里的路上，她责备他为自己父母买的那些礼物花费太大，责备他竟敢对自己的母亲撒谎。他笑："让你家人开心，你就快乐！对妈撒谎，哄她开心，妈对你好，你不也就开心了吗？"她幸福地笑了，原来，使她快乐，就是先让她所有家人都快乐！幸福，转了一个大弯。

一个家庭里，双方都挚爱对方的亲人，对方亲人给你的爱，又能融洽夫妻感情，这种关系是相互依存的。不爱对方亲人，势必会影响到夫妻感情。

有一女子每次回娘家都是大包小包，给父母与自己的侄儿买很多礼物。婆婆每日为她洗衣做饭带孩子，让她能够安心上班，可她居然从没给婆婆买过任何礼物。直到有一天，婆婆过生日，为了孝敬自己的妈妈，丈夫当着儿媳的面给了婆婆两百元钱，让她随意买点自己喜欢吃的东西。事后，为了那两百元钱，女子当着丈夫的面唠叨了半天，她说："婆婆在这里，每日有吃有穿，还要钱干什么？"其意思就是丈夫不能给婆婆钱。那天，夫妻俩大吵了一架，从楼上直吵到楼下，还差点动了手。丈夫委屈地向前来劝和的邻居们诉苦："都同样是母亲，她每次给自己母亲买那么多礼物，从来都没孝敬过我妈。我不过给我妈两百元钱作为生日礼物，她竟唠叨个不停！这种女人太不讲理了！"众人劝和。婆婆因这事，悄悄一个人回了老家，此后再也没有来过。因为这事，丈夫对妻子也有了隔阂，逢年过节，他也很少去看望岳父母，岳父母对他也产生了一些不好的想法与意见。日子久了，又见夫妻俩不和睦，三天两头地争吵，便愈发不看好这段婚姻了。当女儿提出离婚时，岳父母竟然没有阻拦，若在以前，他们是无论如何也不会答应的。可见，夫妻关系已影响到了一大家子的幸福。

夫妻都来自不同的家庭，爱着他（她）时，就要爱着他（她）的家人，给予双方父母与家人同等的爱，而不是厚此薄彼。因为你的父母在养育了你的同时，他的父母也养育了他。

孝敬父母是我们中华民族五千年来的传统美德，没有父母的养育之恩，又何来他呢？动物都有反哺之情，何况人呢？婚后成了一家人，夫妻双方势必要共同承担孝敬双方老人的责任与义务。如果有人把“孝敬你妈是你的义务，请不要搭上我！”这句话作为反对观点时，我们真要好好考虑对方是不是太自私了。那样的情况下，夫妻还有相互扶持的义务吗？还有结合在一起的意义吗？

我们在关爱双方老人时，即使无法做到完全平等，也要兼顾到双方的情绪。父母并不需要我们孝敬多少钱财，只要有那份心意就足够了。对他们的关爱与孝敬，便是对自己子女的深爱，做父母的哪有不高兴之理？得到父母认可的婚姻，势必会给夫妻双方带来很多好处，更能融洽情感。反之，其患无穷。

上述那位女子，在婆婆离开自己家回到乡下后，她不得不每日在下班后承担所有家务。而丈夫怨恨妻子气走了母亲，在家务上也从来不帮忙，这让两人为家务琐事争吵不断，家庭矛盾日益升级。

同样，对待夫妻双方的兄弟姐妹与亲戚朋友也是如此，爱另一半，就爱他（她）的所有，毕竟兄弟姐妹和那些亲属朋友与他（她）已融成了一个整体，是他（她）亲情网中不可分割的一部分。在那些亲朋有求于自己时，尽可能给予他们多的帮助，你的帮助，会让他们念你的好，给予你的另一半更多的尊重与关爱，增强了他（她）在亲情网中的地位，让他（她）获得了自信，从而更爱你。

婆家、娘家都是家，他的父母、你的父母都要感恩。夫妻双方在处理婆家与娘家关系时特别应注意，不能厚此薄彼，在对待对方家人、亲戚、朋友时要一视同仁，绝不能因此而失了另一半的面子，寒了他（她）的心。

即使夫妻双方做不到完全公平对待双方家人，也要以一颗包容之心，去理解、尊重另一半，不要因此而伤了和气。

爱，越是付出就越是拥有

叶萱曾在《纸婚》一书上写道：“决定嫁给一个人，只需一时的勇气，守护一场婚姻，却需要一辈子的倾尽全力。”婚姻需要精心呵护，爱情才能长保鲜。爱是给予，是彼此的付出，而不是索求。因此，爱是相互的奉献，是两颗心的彼此包容与默默付出。

爱是缘分、感动、给予与宽容，更是一种牺牲。

每一位成功的男人背后，都有一位默默支持他的妻子。同样，每一位幸福女人的背后都有一位深爱她的丈夫。一个为家庭在外辛苦打拼，一个为家庭牺牲自己的事业与爱好，孝敬父母，操持家务，养儿育女。没有两个人的彼此牺牲与奉献精神，也就没有和睦的家庭，没有幸福的生活与丰厚的回报。

二十世纪九十年代中期，在大多数中国人还不知道互联网为何物的时候，马云便丢掉高校教师的铁饭碗，劝说正在当老师的妻子张瑛辞职，和他一起投身互联网事业。张瑛并不认为丈夫是头脑发热，马云刚提出来，她便立即辞职支持他。那时，夫妻俩从学校毕业，参加工作没多久，没有积蓄创业，父母也拿不出钱来支持，一切只能靠自己。张瑛只能四处奔波着找人借钱，东拼西凑好不容易凑够十万元钱，才成功创办了中国互联网历史上第一个 B2B 网页。

创业时期的工作很辛苦，不分日夜。马云简直是个工作狂，脑子里有了什么好点子，也不管是白天，还是半夜，连忙打电话通知人过来在家里开会。他们白天开会，张瑛除了打杂，还负责在厨房做饭；如果在半夜开会，她就要打足精神，负责给一屋子人做夜宵。尽管她也有政委的职务，除了做好本职工作，还要做接线员、跑腿、厨娘、勤杂工与清洁工的活计。网站在没有盈利前，为了保证伙食品质，她不得不做一个倒贴伙食费的老妈子。即使这样，她仍没有怨言，勤勉、任劳任怨地支持丈夫的事业。

十年过去，阿里巴巴成功成为一口吞下雅虎中国的巨鲸。张瑛也在总经理位置上干得风生水起，给予马云不少的帮助与支持。可正在她事业的顶峰时期，马云却劝说她辞职，离开阿里巴巴，专心照顾儿子。可谓，张瑛就是马云的一颗棋子，哪里需要，就被指派到哪里。为马云，张瑛牺牲了很多，首先牺牲的是自己的教师专业与爱好；随后，为了事业，又牺牲了一位母亲对儿子应尽的关爱与照顾；最后，为了儿子的教育，她又不得不牺牲自己的事业，回归家庭，给予马云有力的后勤保障。正是有了她背后默默无闻的付出，才有了马云今天的成功。

夫妻是亲人，也是家人，付出是无条件的，她在爱的世界里奉献真诚，收获的是心灵的丰盈。因为爱着，所以，夫妻双方在相互的给予中，愉悦了对方的同时，也愉悦了自己。被需要的感觉，是非常美好的。如果其中的一方，不再需要你的付出，不再需要你的关怀与照顾，在外受伤时，不再需要你精神上的抚慰，也许，你们的婚姻就已经亮起了红灯。

付出是美好的，也是动人的。情侣间动人的爱情，常常并不表现在花前月下与卿卿我我之间，而是表现在一种忘我奉献的精神。如神话传说梁山伯与祝英台的爱情故事之所以能在民间广泛流传，成为人们对美好爱情的向往，只缘于这对有情人两情相悦，以心交付，以身相许，为爱相互殉情，付出自己的全部与恶势力抗衡。

夫妻一方，向对方索取很少，付出很多的男人或女人，才是最动人的，他们最值得珍惜和尊敬。

四叔在第一次婚姻失败之后，在近二十年的时间里，走马观花似的，明里或暗里与不少女人相好过，也曾先后娶过好几个女人回家，最后都以离婚而收场。原以为，他年龄渐老，都五十开外，不会再娶了时，没想到在他五十四岁生日的那天，居然与其中一个女人复合了。那个女人就是我现在的婶婶。

我见过这位婶婶年轻时的样子，性格温柔，人漂亮，说话轻言细语，人勤劳不说，对我四叔还特别好。如今，二十多年过去，婶婶除了脸上多了些皱纹，从她的身影里依然可见昔日的风采与靓丽。

有一次家庭聚会，婶婶因事去了亲戚家，我父亲与四叔在场。

酒过三巡后，兄弟俩分外亲热，无话不谈。当父亲问到叔叔，在那么多已经离了的女人当中，为什么要接回这个女人做弟妹时，叔叔猛灌一口酒，才说出了他和婶婶动人的故事。

他对父亲说："你这个弟妹和其他女人不同，我第一次盖房子的那年，为了节省请小工的钱，你弟妹在大热的夏天里，穿着厚重的靴子，帮我洗石灰。那么重的活，就她一人干着，连手都被石灰蚀掉皮了，可她没有怨言。而我那时真不懂事，整天满处跑，竟没有帮她一下。夏季的夜晚格外闷热，她在干完一天的活后，担心热坏了我，还时常给我扇风到深夜，直到我熟睡了，她才放下蒲扇睡去。她对我实在是太好了，为我付出了那么多，而我却没有好好珍惜，与别的女人好，气走了她。这么多年我一直生活在自责与惭愧中，生命历尽大半，我发现自己一直忘不掉的女人依然是她。打探到她女儿溺亡，前几年又死了丈夫后，便有了将她接过来过好后半辈子的打算。"

四叔的话很长，谈到这个婶婶时，满眼都是感动与愧疚。我也为婶婶不求回报的真情付出而感动，虽然四叔醒悟得有点迟，好在婶婶的付出总算得到了回报。

"真正的爱是给予，不是索取。"可有些夫妻一开始就在索取、计较，女性希望丈夫能挣座金山回来，好让自己吃好穿好、有钱玩乐潇洒，却不懂得体谅丈夫的辛苦。她们认为，丈夫挣钱妻子花是理所当然。因此，她们在购物时大方地一掷千金，却舍不得为丈夫做一顿丰盛的饭菜，舍不得拿钱孝敬公婆。而有些男人大男子主义，会认为洗衣、做饭、拖地从古至今就是女人的事。因此，他们回到家中，要么窝在沙发里看电视，要么玩游戏，从不会主动帮助妻子。吃完饭，碗筷一丢，一切都不管了。收拾桌子，洗洗涮涮都是女人的事。这样的日子久了，便有了唠叨与埋怨，在婚姻中互咬着对方，直到耗尽全部的热情，婚姻也就走到了崩溃的边缘。

爱是个圣洁的字眼，爱是要为另一半做出牺牲，一切为他（她）着想。一个能给予爱的人，必定是一个有着宽广胸怀的人。

但爱不是盲目的，也要把握好爱的尺度。不强迫对方，不死缠烂打，要懂得如何去爱与付出，而不仅仅是剃头匠的担子——一头热。爱情是两个人的事，要通过双方的努力与付出才能达到幸福。有时候，我们不能光给予而不去索取。

大学时，他就喜欢上她了，一直追求她。他处处给她关心，对她嘘寒问暖，对她的帮助，都是有求必应，甚至会在她上课前，为她提前买好早餐。她参加工作后，他每天会写一首小诗寄给她，得知她家里需要钱时，毫不犹豫地拿出自己勤工俭学的钱帮助她。而她对他的好，却视而不见，尽管享受着他无微不至的照顾，孤独时享受着他的陪伴，吃喝玩乐时挥霍着他的金钱，可对他的爱恋却佯装不懂。直到有一天，她有了男友，他才发现，她一直都没有爱过自己。一直都是自己在付出，她从来都是索取，而他竟然还在相信自己能够用诚心打动她。一个人独自付出的爱情真是不靠谱。真爱，是双方的，而不是剃头匠的担子——一头热。

因此，当我们确定自己爱着对方，而对方也同样爱着自己时，才值得去付出全部真情。虽然夫妻间不要太在意谁付出、谁索取，但一味付出或一味索取，时间长了，婚姻之舟难免会因失衡而面临倾覆的危险。只有彼此都在付出时，婚姻才能幸福久远。

嫁入豪门的女孩

嫁入豪门，是很多女性想要改变人生的捷径。一生都不用奋斗，不用吃苦，有着几辈子也花不完的钱，还有佣人谨小慎微地侍候着，想游遍全球，不必担心钱的问题，便可满世界飞来飞去，这该是多少人羡慕的生活。可那些嫁入豪门的女人们，她们真正感受到幸福了吗?

长孙皇后在唐太宗李世民即位十三天就被册封为皇后，嫁入了豪门，有着享不尽的荣华富贵。据史料记载，她是一位充满智慧、优雅大气与妩媚活泼并存的贤后。她智商与情商都很高，拥有汪洋恣肆的口才，处事圆滑。在后位时，善于借古喻今，匡正李世民为政的失误，保护忠正得力的大臣，享有很高的地位，深受李世民的宠爱。不仅如此，她还是个极具才华的女人，她私下采择“古夫人善事”，撰成《女则》一书，而且还有诗作《春游曲》问世，她平时的生活并不奢华，极其简朴，对后宫嫔妃也是极其关爱。可见，长孙皇后是一位素养很高、心胸宽广的女人，不斤斤计较，一门心思辅佐丈夫。

就是一位如此优秀的女人，她在豪门中的生活到底是怎样的呢?

李世民当上皇帝后，仗着自己是位高权重的皇帝，便开始得瑟起来，他不再拿臣子们的直言当回事。

因为他的大男子主义，又缘于自己所在的是豪门，长孙皇后有什么意见，都不敢明着说，非得费尽心思地拐来拐去，唯恐一句不慎，豪门丈夫一怒，就使自己下岗，要知道后宫三千佳丽可是排队等着呢！自己得小心，小心，再小心呀！

唐太宗手下有位名叫魏征的臣子，他性格虽耿直，但才干过人，喜欢说真话，平定天下之初，曾为国家立下了许多汗马功劳。

可唐太宗才不管他有没功劳，自己乃豪门，怕谁？谁敢惹自己不开心，就让他吃不了兜着走。何况，这个魏征常不顾场合，在很多时候，竟当着文武百官的面指责自己的过错，让自己很没面子。

尽管当时唐太宗为顾及自己形象没有发作，事后，在后宫内气得咬牙切齿。当着长孙皇后的面，他发誓，一定要除掉这个不知天高地厚的家伙。

担心丈夫的冲动影响了他半世英明的光辉形象，为了帮丈夫，也为了救直臣魏征一命，长孙皇后想了一整夜，才决定于第二天，换一套上朝的礼服，待丈夫心情还不错时，再向他下拜求情。

第二天早上，太阳都老高了，丈夫才从另一妃子寝宫内打着哈欠出来，估计那位妃子一整晚把丈夫侍候得很舒服，丈夫情绪很好，正准备往东宫走。

长孙皇后见到丈夫，便赶紧跪拜于地，拐弯抹角地询问他对魏征将如何处置。提到魏征，唐太宗很生气，气鼓鼓地说："我打算杀了他。"长孙皇后并没表现出任何不高兴，而是大拍着手叫好，并赞美丈夫的英明之举，又赞美因他的英明，才拥有这样敢于直谏的好臣子。

一顶奉迎的高帽子戴上，唐太宗的怒气消了大半，心情大好。再仔细想想拥有今天的国泰民安、四方臣服的一派繁荣之景，不正说明自己听取臣子的意见是对的吗？此后，他不再想杀魏征。

魏征是得救了，可我却为长孙皇后感觉累。夫妻之间，说句话，给个好的建议，还要这样绕来绕去，不惜下跪，多辛苦啊！长孙皇后如此漂亮、聪慧、圆滑、识大体，又富有才情的一个人，嫁入豪门时，不仅要处处帮助丈夫，还要忍受着丈夫的花心，小心翼翼地说话、做事，那滋味该是多么憋屈？

而那些不惜一切代价，想方设法欲往豪门挤的平民女子，你有着长孙皇后一般优越的自身条件吗？能容忍众多漂亮女子分享你的丈夫，自己却独守空房吗？有处理好复杂大家庭内务、协调彼此关系的能力吗？在繁忙之中，仍有不忘提高自身素养、勤学奋进的能力吗？能忍受刁钻婆婆对你指手画脚那不可一世的态度吗？

如果你没有上述的这些能力与漂亮的资本，单单只把豪门当作享受舒适生活的最终目的，很难得到幸福。

谁也不是傻子。豪门最注重利益的交换，豪门内的男人绝不会娶一个只贪图享乐他金钱的女人。他们要娶的女人，除了年轻漂亮、温婉大方、识大体，还要有足够的能力辅佐他的事业，处理好各种复杂的关系。

如果你仅仅是年轻漂亮，又不幸成为他享受欢愉的玩伴，各取所需，那么一旦你青春不再，美貌容颜尽失的那天，在美女如云追着他跑时，你还能得到他的赏识，得到他的爱吗？那时，恐怕你连哭都来不及了吧？

嫁入豪门，你将一心一意相夫教子，打理家庭，一门心思造人以传宗接代，好将家业传承下去。可你的理想、兴趣爱好会消失殆尽。整天便是三餐、孩子、尿布的生活，自己会不会要疯掉？平时在父母身边，随时会使的小性子，此时也不容自己随便发作。你必须做一个公公婆婆都喜欢的孝顺媳妇，忍受着他们对你的严格要求。

既然是豪门，那就有许多豪门的规矩，一切都以家庭为中心，不可能还和婚前一样尽兴地和自己的闺蜜 K 歌或喝酒到通宵不归。与男同学的接触也要更加慎重，不能再随便说话打闹，避免造成误会。而你唯一可以保留的爱好便是刷卡购物，当你大堆小堆地购回来时，会不会觉得分外空虚无聊呢？

既然是有钱男人，也就人人都喜欢，尤其如你一样有着同样追求的年轻漂亮的姑娘，她们哪管男人是真心还是逢场作戏，只要男人肯大把花钱，她们就敢拿青春赌明天。所以，面对豪门男人的拈花惹草或彻夜不归，你的心胸必须足够宽广，足够强大到战胜每个防不胜防的情敌。如果你没有这些外在和心理条件，嫁入豪门也许就是你痛苦人生的开始。

还有公公婆婆，在他们看来，众人都在觊觎着他们伟大的家产。在儿子择偶一事上，他们也绝不糊涂，而是以极其苛刻的标准去要求儿媳妇。在众多选择中，他们怎能放任儿子选择一位只贪图享乐的女子呢?

看来，豪门的门槛并不是那样好迈啊！在不缺美女的年代里，你要有年轻美貌、讨好、撒娇、脾气温和、语言能力强的本事，更要有讨好公婆的内功，还要心态好，懂得知足。

那些做梦都想进入豪门的女孩们，有功夫钻研如何进入豪门，倒不如想想办法，如何通过努力，把自己变成豪门一姐，靠自己比找个豪门男人可靠多了。你不仅要啥有啥，还不用看着婆家人的眼色过日子，那样的日子既有尊严，又有自信。

一个人的相思

我们总形容爱情甜蜜、美好，在一个人伤心难过的时候，陪在身边给她讲好听的话，逗她开心；在他失落的时候进行安慰；在他失败的时候予以鼓励；在胜利的时候为他喝彩。这就是爱情，充满了温情、关怀与感动，让人为之动容，心里如吃了糖般甜着。可还有一种爱，隐藏在心灵的最深处，它朦胧美好，却苦涩到无法言说，那就是一个人的相思。

女生成绩优异，但性格高冷，除了学习，谁都不爱搭理，是典型的学霸。高三那年，暗恋她的那名男生坐在了她后排。那名男生是典型的调皮鬼，成绩不好，还在课堂上调皮捣乱，时常受到老师的批评。成绩与性格反差如此大的一对男女生，本不可能有什么故事发生，男生心里也清楚。可人的情感偏偏不可压抑，为了引起女生的注意，那位男生便用自己的方式来表达爱。下课时，趁女生站起来，他会偷偷拿掉她身后的椅子，然后她坐下，扑通一声，摔倒在地。她既羞又恼地爬起来时，身后的他却是一脸恶作剧得逞之后的坏笑。

连续遭遇几次同样的“惨剧”后，她将此事告诉了班主任。结果是，班主任罚他写了长达三页的检查。检讨写完，他照样搞恶作剧，在她的抽屉里放大青虫、塑胶玩具蛇，拿镜子朝她脸上反射太阳光或悄悄剪掉一缕她拖在身后的长发。

女生弄不明白，男生为何只跟自己过不去，难道是自己好欺负？她告诉班主任，班主任拿他也没辙，只因，他是差生，好多次请来家长也管不了他。这种状况一直维持到高三毕业。后来，成绩优异的女生顺利考上了大学，参加了工作，到一所中学当了老师。而男生没考上大学，跟着父亲经商。

二十多年后，男生和女生都已结婚生子。女生成了一所中学的教学骨干，而男生成了身家好几千万的公司老总。

非常凑巧的是，男生的儿子在女生学校就读。一次，在男生送儿子去学校时，竟然意外地遇见了女生。此时，女生的眼角已有了细小的皱纹，而男生，却变得稳重而又儒雅，全没了当年的顽劣。

老同学相见分外高兴，免不了寒暄一番。有一件事，女生纳闷了很多年，现在一定要弄个明白——当初，男生为何总跟自己过不去，她很想知道答案。

男生不好意思地微微一笑："我喜欢你，可你那时好高傲，我想尽办法与你套近乎，你都不理我！"

原来爱情还可以这样表达，当初的她哪里知道。其实，那时的她对他印象并不差。只因，他球打得好，人也长得帅。

如今，二十多年过去，女同学才明白，当爱情靠近时，不一定是甜腻腻的滋味，而是刺痛你，让你品尝到苦涩，却并不伤害你。这就是一个人的爱情，苦涩难耐，却愿意独自感受着这份美好。它的滋味是甜中透着点点的涩。

相爱时，两个人也有无法在一起时的牵肠挂肚。古人有诗为证："衣带渐宽终不悔，为伊消得人憔悴。""入我相思门，知我相思苦。长相思兮长相忆，短相思兮无穷极。""天不老，情难绝。心似双丝网，中有千千结。"这些古诗是专为那些苦恋者而作。此时的爱情愁肠百结，苦泪交加。

当相爱的两个人朝夕相处时，总会有这样或那样的矛盾，惹你生气，让你难过。那时，你恨得咬牙切齿，意欲决绝离去，收拾好行囊，却发现自己根本迈不开脚步。待对方给你一个深情的拥抱，一份真诚的道歉时，你足以感动到涕泪交流，于是，两个人的生活又继续重复。这种爱，五味陈杂，有痛，有泪，也有微笑与温馨。

曾见过一对小夫妻争吵，那天，他们吵得非常厉害，甚至还扭打在了一起。起因也就一点生活琐事，女人爱吃南瓜，再加上男人患有脂肪肝，医生叮嘱需要减肥。女人上网查到，南瓜能达到减肥、抗癌目的。于是，女人做饭时餐餐南瓜、顿顿南瓜，换着花样吃南瓜，今日煮南瓜，明日炒南瓜片，后日蒸南瓜，做南瓜馍。那天男人回得有点晚，开了一整天的车，已是既饿又困。白天为省钱，他没舍得在外面饭店吃，回到家便打算好好补补。没想到回家时，女人仅端出一大钵南瓜汤，还有几个南瓜馍。吃腻了南瓜的男人，终于没能忍住，发脾气了。他大嚷着对女人说：“我难道没给你钱吗？每天就吃这样的东西，能下咽吗？”

说完，男人愤怒地摔了那钵南瓜汤，汤汁溅得满屋子都是。女人伤心地哭了，她没想到自己的一番好心被当作了驴肝肺。她收拾行李，准备离家出走时，害怕她离开的男人，急忙拽住她。女人急于脱身又走不了时，一时生气，竟砸了男人省吃俭用花两万元钱买的手表。看着满地的手表零件，男人非常生气，他没想到女人竟是那么绝情，砸贵重手表之举，分明就是不愿和自己过了嘛！想到此，男人便也开始砸东西，将家里能砸的东西全砸了，还将女人一直没舍得戴的玉镯也摔坏了。要知道这对玉镯，可是女人去世的母亲临终前送给她的，属无价之宝。女人气愤极了，和他扭打在了一起，后又去了法院。法院没有急于判决他俩离婚，而是对彼此进行劝导，又让其回家冷静三个月后再来。回到家后，经亲朋好友们的劝说，彼此都认识到自己的错误，再加上还有孩子需要抚养，于是，两人又和好如初了，只是那些摔坏的东西，无法复原，两人又得省吃俭用地挣回来了。

古人用生动通俗的句子概括了夫妻之爱：“床头吵架床尾和。”相爱着的两个人，彼此间不会有仇恨，怨恼也仅仅在一瞬间，很快就会被甜蜜与恩爱代替。

相爱是自私的，他（她）占据着你整个心灵，没人愿意把自己的爱拱手让人。于是，情人间会为了爱争风吃醋或大打出手。他会为了女友多看了某个男生一眼和她争吵；她会为男友对某个漂亮女性大献殷勤而心里很不是滋味或醋意大发。她只允许你对她一人好，不可以对别的女性好；他不能忍受女友同某个异性聊得热火朝天，更不能忍受某位男性对自己女友大献殷勤，哪怕他自己平时也对心仪的漂亮女性这么做，但别的男人对他女友这样却不可以；他不允许女友同别人喝酒、通宵不归；同样，她也不能容忍自己的男友同别人喝酒彻夜不回。这就是爱情，那样自私，有几分霸道，自己可做的事，另一半却不能做。于是，争吵、赌气者时有之。事情的缘由总有些啼笑皆非，令人费解，它充满了嫉妒、爱与酸溜溜的滋味。

曾有位同事和女友一道外出游玩时，旁边一男性见他女友长得漂亮，忍不住多看了几眼。就是这几眼，竟让同事心生嫉意，上前把那男性一通好揍。有人报了警，事后，民警不仅批评教育了他，还让其给那位男性赔偿医药费与精神损失费。女友见男友心胸太狭隘了，竟对一陌生男人出手那么狠，以后，若是结婚了，岂不变本加厉，于是，提出分手。在男友的百般哀求与保证下，女友最终答应男友，先冷静半年，再决定是否继续交往下去。

妒意与酸涩的滋味，有时很容易成为人一时无法逾越的障碍，给自己或相恋者带来重大损失。

这就是爱的滋味，酸甜苦辣，五味杂陈，神秘深邃而又耐人寻味。我们必须好好把握，别让爱情变味。

第二辑

遇见是爱，转身亦是爱

因为爱你，我们相遇；也因为爱你，所以不羁绊你飞往更幸福的地方。遇见是爱，转身亦是爱，相识是缘分，相恋是福分，虽不能在一起，却留情义在。

拿得起，也要放得下

一段感情过去，重新面对新的恋情。对于旧爱，我们是该耿耿于怀，愤然于心，还是给予祝福呢?

其实不管是什么原因导致一对情侣分手，我们都没有必要将彼此视为仇人。毕竟我们曾经相爱过，无论是谁提出分手，都是觉得彼此在某些方面有些不合适。如果分开，也许你能找到更适合自己的人，何必纠结于过去那段感情而放不下呢?

相识是缘分，相恋更是五百年修得的福分。虽然最后不能成为眷属，但至少还有一份情义在。那些相爱不成而生恨的男人或女人，无不是心胸狭隘。你不让我好过，我也不让你幸福，于是，报复旧爱的悲剧屡屡在网上曝出。冷静下来，好好反思时，又后悔极了。可那时后悔已经晚了，你得为自己的冲动买单，受到刑法的制裁。冲动是魔鬼，沾惹不起。可又有多少旧爱，在冲动面前，能想一想彼此曾经的温馨与快乐时光呢?既然爱已不在了，我们可不可以感念过去的温情，做一对普通朋友呢?

放过旧爱，便是放下过去，你才可以快乐地重新开始一份新的恋情。如果你对旧爱的伤害耿耿于怀，便永远也走不过心里的那道坎，性格变得偏执，不开心，从而把自己伤得更深。

有一位发型师也是这样。她和丈夫离婚了，起因是丈夫喜欢上了他公司里的一个女孩，女孩同样也喜欢他，不计较名分也要跟着他。可是她受不了，执意要离。离婚后第一年，她对丈夫和那位女孩恨得咬牙切齿；第二年，她发现自己因恨过得很不开心，脾气也变得非常古怪时，她决定放下前夫和小三，重新开始一段恋情，只因，爱着她的男人比前夫优秀多了，他喜欢看着她笑，而不是看她每天苦着一张脸；第三年，她终于释然了，没有什么事能比让自己快乐与幸福更重要。此后，她专心于自己的事业，成了市中心最有名的发型师，她盘的发型或高贵典雅，或清新自然，或俏皮可爱，能突显一个人的个性，很多即将成为新娘的女子都爱找她盘发。不仅如此，她还在市中心开了一家最大的美容美发店，雇请了不少员工，每天日进斗金。

有时，客人是一个人来，有时，是男友或家人陪伴着来。盘完发后，她再给准新娘送上一张自己制作的精致贺卡，祝福即将为人妻的女子与丈夫白头偕老，婚姻幸福美满。

不知是她的技艺好，还是那祝福语的缘故，每一位经她手盘发的女子，婚后生活都十分美满幸福。甚至有人说，她所盘的头发，能给新婚的女子带来甜蜜美好的婚姻生活。因此，她的生意很好，顾客络绎不绝。

那天她正在店里忙碌时，忽然走进来一对母女。女孩二十多岁，长相娇俏可人，一脸幸福，而母亲明显要大方得多，进来就询问价钱，哪款发型好看。而女孩最关心的却是，哪款发型是她心中的他所喜欢的。根据女孩的个性与脸型，她心中早已有了底。给女孩盘发时，从母女俩的对话里，她听到了有关他的近况。明天，就是前夫的婚期了。而新娘，正是坐在自己面前的女孩，她曾恨得牙痒痒的小三。

女孩确实很漂亮，小巧的唇，粉红的脸，乌黑的眸子如波光粼粼的潭水，一闪一闪，睫毛也随着说话的语速快速抖动。显然，女孩比她年轻漂亮，难怪他会离她而去，她一直恨她，可面前的女孩却不认识她。

她内心闪现一阵难以言说的痛后，随即，一点一点解散女孩的头发，那头秀发如瀑布般光亮、美丽，让她心生嫉妒。瞬间，她又镇定下来，将所有发型都在内心思忖一番后，决定选择一款最难盘的，唯有那款最适合女孩。她认真细致地梳理着女孩的长发，那长长的发丝从指间轻轻滑过，缠缠绕绕，似乎绕在了心头，束得她几乎不能呼吸。

盘完后，再细心地检查，看发型有没有丁点不平或不谐调的瑕疵。她相信，这款发型能让女孩在婚礼那天更加光彩夺目。

在女孩临走前，她装作漫不经心地询问丈夫和女孩的名字，再拿出一张贺卡，写上同样的祝福语。写时，她的手抖动得厉害。

女孩拿着贺卡和母亲欣喜而去，她久久地注视着她们远去的背影，轻叹一声。随即，心又开朗起来，并专注地给下一位客人盘发。她忽然觉得很开心。今天，她不仅是给情敌盘发，更是把自己心灵的乱发盘好了。

后来，那位女孩经常来她店里盘发，见她技艺好，甚至还给她带来了不少顾客。也许那位女孩早已知道她是自己现在丈夫的前妻，故意想帮她。

嫉恨昔日情敌与负心人，除了给自己带来负面情绪外，毫无意义。它伤害的是你自己。如长期嫉恨一个人，而致情绪低落、性格偏执，将会影响到你今后的爱情与事业。

当我们开始一段恋情后，如何面对另一半的旧爱呢？是不是在同恋人缠绵时，也会想着恋人也同样对昔日的伴侣说过同样的甜言蜜语，做过同样的事而心生妒意呢？

有位女孩嫁给一位男孩后，总会时不时地问男孩关于前女友的事。当男孩和她亲吻时，她会问："你同前女友吻过吗？"男孩不知如何作答，如果肯定回答，势必会让女孩不高兴；如果否定回答，势必谁也不会相信。只因，女孩知道男孩的前女友还为他堕过胎。有时，女孩与男孩亲密时，女孩忽然会冷不丁地推开男孩问："你以前和她也是这样的吗？有没有比这更刺激呢？"男孩被弄得十分尴尬，一时竟不知如何回答。这样的次数多了，男孩十分心烦，只能敷衍着回答她。当他的敷衍被揭穿时，弄得两个人都不愉快。

前女友是男孩的初恋，为了保存那份美好的记忆，男孩保存了前女友的照片，并将其封存到一个木盒子里，上好锁。

那天，男孩不在，女孩收拾屋子时，发现了这个上了锁的木盒，强烈的好奇心令她打开了这个木盒。当她发现平时声称只爱她一人的男孩居然还保存着前女友的照片时，醋意大发。

当男孩回来时，她和他大吵，甚至用火点燃了那摞照片。看着昔日美好的回忆都随着火光灰飞烟灭，男孩非常生气。他骂女孩偏执无理，心胸狭隘，骂完还不解恨，又当着女孩的面，夸赞起前女友的好，说很后悔放弃前女友而娶她之类的话。

就是这一番话，彻底打翻了女孩的醋瓶子，她大哭一场后，回了娘家，却并没意识到是自己的无端嫉恨惹恼了男友，伤害了彼此的感情。

除去初恋，每个人在认识对方之前，也许都有一段过去的爱情。既然已经过去，我们再纠缠着他（她）的旧爱不放，既是给他（她）揭伤疤，又唤起他（她）对旧爱的无比留恋，这样对目前的感情是百害无一利的。既然爱上他（她），就不要再纠结于他（她）的过去，毕竟他（她）现在爱的是你，拥有的也是你。

因此，爱上了，就好好爱吧！牢牢把握好现在的爱情，别纠结过去，总去纠结的后果，要么自己过得不开心，要么毁了彼此的感情，让你成为前任。我想，这并不是你想要的结局。

爱是两个人的事

爱情是两个人的事，与别人无关。在这恋爱自由、婚姻自主的年代，就连父母也无权过多干涉儿女婚事。是否相互爱着，婚姻这双鞋是否适脚，也只有相爱着的两个人才知道。

而很多时候，我们的婚姻很容易受到周围人与社会习俗的影响与制约，待我们真正醒悟过来，发现一切已晚，我们真正想要的爱情并不是这样。

有一个男孩，在外打工时，结识一个女孩，带回家后，婆婆得知女孩曾在一家酒店上过班，便怎么也不同意他们的婚事。婆婆认为，酒店里工作的女孩近八成都不正经，可她不知道女孩是在大厅做着前台收银等工作。

尽管婆婆不同意，可他们两人还是瞒着双方父母偷偷去领了结婚证，并生活在了一起。婆婆见生米煮成了熟饭，也就由着他们了，她只盼望着能快点抱上孙子，给他们家添后。

为了能尽快让媳妇怀孕，婆婆甚至劝说夫妻俩辞了工作，在家安心休息备孕。哪料这一休息就是两年，媳妇的肚子仍然没有动静。私下里问儿子，儿子吞吞吐吐说不出个所以然。其实，小夫妻俩也私下里去医院做过检查，两人身体都没有问题，至于为什么怀不上孩子，男孩也不清楚。见儿子不肯说，婆婆便在心里琢磨开了，一定是媳妇的问题，听说在酒店工作过的女孩子，八成都不正经。至于能不能生孩子，那还不一定呢！说不准儿子被这女孩骗了。

又见媳妇不爱干农活，每天早起不是化妆打扮，就是黏着她儿子帮着做这做那，婆婆愈发不高兴了，她不喜欢自己的儿子受人指使，更不喜欢自己的儿子和这样一位女人亲密。很多次，她都含沙射影地骂媳妇：“人打扮得再漂亮又有什么用，还不是脏得要命！”无论婆婆说什么，媳妇都不理会，该化妆时照样化妆，不时还跟男孩撒娇，让男孩帮着做这做那。

见媳妇懒得同自己计较，婆婆越发生气了，她私下里对儿子说：“你看看村里和你同时结婚的几个伙伴，有的娃都会满地跑了，而她竟连个虱蛋也怀不上。地里的农活不爱干，做顿饭难吃得要命，这天天都待在家里的，每天将自己打扮得花枝招展的给谁去看？”

儿子虽不吭声，面对母亲的唠叨，他也不好说什么。怀不上孩子，母亲当然焦急。媳妇生活在小城镇，从小娇生惯养就没干过什么活。来到这个小山村，还要学着用煤球烧饭，真是委屈她了。

见儿子对媳妇很好，整天被媳妇指使得团团转，半夜给媳妇煮面条吃，还要帮她洗内衣内裤，这位封建思想的婆婆心里愈发不高兴了。怪不得怀不上孙子呢！原来，儿子一直都在沾惹着污物，被这狐狸精女人吸干了阳气。她决定将这位祸害自己儿子的妖精女人撵走，再为儿子找一房能生儿育女、勤劳肯干的本地媳妇。

此后，这位婆婆在家里对媳妇再也没有过好脸色，看到夫妻俩在房间里嬉戏逗乐，她便会推门而入，弄得夫妻俩很是尴尬。婆婆有时还在外面指桑骂槐，把屋门摔得震天响。她对这位媳妇横挑鼻子竖挑眼，媳妇忍气吞声，儿子也不敢说什么。经不住母亲几次三番的劝说与施压，男孩终于同女孩离婚了。离的那天，女孩是一路哭着离开的，他心里也很不是滋味。半年后，在母亲的撮合下，又找了一位本地女子结婚，并很快生下了孩子。他对这位性情呆板的妻子谈不上什么好感，甚至连话都很少同她说。

一年后，男孩外出打工，竟然遇到了前妻。前妻怀抱一名婴儿，和身旁一位拖着婴儿车的儒雅男子，边走边笑，看上去，前妻一脸幸福。他匆匆走过去，佯装没有看到这一切，心里却如同打翻了五味瓶，很不是滋味。

他想，如果自己不听母亲的，也许，他和她也该有了自己的孩子，也应该有这温馨而美好的一幕。

可后悔也没用，他爱的女孩再也回不来了。在儿女的婚事面前，父母只有建议权。你爱着的他（她）是否适合自己，也只有你自己才知道。在情感面前，多听听自己内心的声音，别让相爱着的两个人留下遗憾。毕竟在物欲横流的今天，能触动你心灵的真爱，已变得如珍稀动物一样少了。

当我们的心里满满的都是她（他）时，外界力量对我们情感的影响也就很小了。曾看过这样一则暖心故事——

孤单寂寞的女人，经受不住两地分居的寂寞，与他人好上了，被那男人的彪悍老婆逮在床上，打得头破血流住进了医院。

此事在女人所在的小区，传得沸沸扬扬。女人，成了众人唾弃与议论的焦点。

常年在外工作的男人得知消息后，满眼血丝地回家。看得出，男人一整夜没合眼。

男人一进病房，就紧握女人的手，哽咽着说："云，你骂我，打我吧！都是我不好，我不该只为了钱的……"

女人拼命挣回手，用被子蒙头，抽泣道："是我不对，我不该贪图他的钱的。"女人啜泣着，拒绝他对她的好。一连几天，她都是这样哭，这泪水里，有悔恨，也有无法诉说的千言万语。

男人无法劝阻她，只是伸出手掌说："如果，你还爱我，就将手放在我掌心，咱俩重新开始吧！"

女人停止了哭泣，犹豫着，颤抖着，从被子内伸出手，轻放入他的掌心。泪眼相望时，两双手已是紧紧握在一起。男人的掌心很暖，和两人初识时一样。女人记得，相恋时，男人也是这样紧握她的手，这样看着她。

女人出院了，从医院到小区，一路都是异样的眼神。再从小区到家门口，这段几分钟的路程，于她，像一辈子那样漫长。因小区内的所有人，包括几岁孩童都认识了她。大家像看稀有动物一般，躲躲闪闪地看她。一路上，男人都牵着她的手，让她惶恐的心有了几分安全感。

回家后，害怕他人异样的眼光及非议，她将自己关在家里，哪里也不去。可男人执意要牵着她的手出去走走，说天天闷在家里，会憋出病来的。

每次，男人牵着她时，也不避开那些三两扎堆着议论他们的女人们。尽管背后那些小声的议论与谩骂清晰入耳，可男人却像没事般，携着她的手，抬头挺胸傲然走过。似乎，周围的一切都不存在。

女人不在时，男人母亲善意提醒他：“以后，别带她到外面逛，你没听见外面怎么议论？”男人平静地回答：“我什么都没听到，也没看到，我只看到了她。”

生活中，总会有某个错误，让别人非议与八卦。爱她，就把她当成心里的唯一，无视外界的一切，你会发现，生活中所有的阴影与不快都与你无关。你的幸福你做主，与他人无关。那些将爱情握在他人手中的男孩女孩，最终会错失所爱，痛悔一生。

最大的错误是：轻视了爱情

“生命诚可贵，爱情价更高。”匈牙利诗人裴多菲的这句小诗，以递进关系，阐述了生命与爱情的价值。生命诚然可贵，可一旦出现爱情时，许多人愿意用生命来交换。

在和平社会，人们安居乐业，没有战争导致的生命之忧，爱情便成了我们走进幸福生活的重要通途。没有爱情，也就不能组建幸福的家庭。

无论男人或女人，都要尊重自己的人格，尊重自己的爱情。别把爱情当作利益的交换品。

有一次走进公园，我发现了不协调的一幕。一位头发花白的老者和一位妙龄女郎勾肩搭背、卿卿我我地走路。原本以为是一对关系极好的父女，再看老者那副搂腰摸臀的猥琐样，他们无所顾忌地亲吻拥抱，才觉不像父女。后来，又从众人口中得知，老人有一位瘫痪在床的老伴，女子为钱天天和老人黏在一起。我不得不惊叹世风日下到什么地步了，为了钱财，女子竟然抛弃了人格与尊严，甘愿做世人唾弃的第三者。

由此可见，女人是为了钱和老人做着钱色交易。女人轻视爱情，贱卖自己的爱，就会变得不自尊，受人唾弃。

男人轻视爱情，往往变得过于自我。仗着手中有几个钱，便目无一切，认为手中那些钞票，能给他带来一切欢娱。

于是，社会频频曝出小三被正室打与男子发现妻子和人通奸的丑闻。无论男人还是女人，都要自爱，别拿自己的青春去赌明天，更别拿婚姻当儿戏。不自尊的女孩，不仅伤害了身体，心灵也会受到伤害，很少有男人会为因此抛妻别子，丢掉事业，放弃辛苦经营多年的家。当他离开时，你除了伤心欲绝，欲哭无泪，还能做什么？没有人会为你伸张正义，只因第三者本身就是不光彩的角色。你的所作所为不仅会受到社会的舆论与人们的非议，对今后的婚恋生活也是个重创。我们作践什么，都不要作践自己的爱情。爱情是个神圣而崇高的字眼，不允随便作践。

女孩炽烈地爱上了一位有妇之夫。为那男人，她拒绝了众多优秀的追求者，放弃了自己心仪的工作，专心致志地做起了“居里夫人”；为那男人，她流产数次甚至，不惜同父母闹翻。她认为自己是追寻独一无二的爱，可为爱生，也可为爱死。

男人信誓旦旦地答应她，只待老婆从国外回来，他立马离婚娶她。一年后，他老婆从国外回来了，男人没离；两年过去，男人没离；五年过去了，男人仍没离，依旧说着信誓旦旦的话。而此时，她发觉自己又有了身孕，医生告诫她，如果再流产，她将永远失去做母亲的资格。当她将孕检报告单拿给男人看，并重复医生的话时，男人显得极不耐烦地说："不要孩子，不是挺好吗？"他强烈要求女孩去做掉孩子。这次，一贯言听计从的女孩不乐意了。她喜欢孩子，再者，她想要个孩子，以永远留住男人的心。可男人不同意，和她争吵，甚至还摔了她最喜爱的瓷器，夺门而出后，再也没有回来。

为了挽回男人的心，她哭着给他打电话，向他承认错误，并答应做掉孩子。因为，她是如此爱他，没有他，她真不知道自己的生活该怎么办。五年来，她习惯了依赖于他。

随后，她按男人的要求做掉了孩子，男人也回心转意，和她重归于好。可是不久，她才发现，重归于好的男人竟然在外面又有了喜欢的女孩。她和他再次发生争吵，这次，男人决绝地离开了她，再也没有回来。

在伤心地哭了整整一夜后，她躲在卫生间里用刀片割腕自杀，血流了一地。所幸房东发现及时，送医院抢救后，好不容易才捡回一条生命。

如今，女子重新找了份工作，还找了位深爱她的离异男子，并于今年五一节结婚了。对于过去，她不愿再提及或想起。

作为红娘的我，谈及往事，女孩笑笑，并不愿多说什么。她只喃喃自语几个字"那时的我太傻了"。确实，过去的她是真的太傻了，历经了生死，她才懂得，作践什么，都不要作践爱情。作践爱情，便是作践自己的未来。

和一位已婚男人谈爱情，已是错误，再为他付出青春与生命的代价，更是错上加错，没人会痛惜你的付出。

有人说，这个时代变得宽容了，每个人都有自己的活法，每个人都有自己的追求。可我要说的是，无论在什么时候，都不要丢掉了我们的自尊，贱卖“爱情”。你轻视爱情的不自重将会给你带来毁灭性的灾难，没人会在意或瞧得起一个不自重的人。

纯洁的爱情，也是自尊的一种，它高贵无暇。很羡慕那些用一颗挚诚之心走到一起的男女，他们真心相爱，互相珍视，彼此包容，用勤劳的双手与过人的智慧换来幸福美满的生活。他们的爱情，才是生命中最昂贵的爱情。他们用一生来承诺，用一生的相依相伴去彼此包容与关怀。“执子之手，与子偕老”是那些以权、财、色交易来的虚伪爱情，不可比的，它真诚、幸福，相爱到永远。

如果你轻视爱情，不尊重爱情，那么，你也不会得到幸福美满的生活。只因，爱情是通向两人幸福生活的小桥。

没人会在原地等你

昔日与老公相恋，父母甚是反对，只因他家很穷。有一天，我刚下班，父母忽然给我打来了电话，声称让我回家相亲。我知道，父母介绍的男孩一定不会太差，至少在家境方面绝对要比老公家好。当我对老公说了这件事，想看看老公的反应时，没料老公竟是异常平静地说："要不，你回家看看？如果你觉得那男孩比我更合适，你就留在家中。如果觉得不合适，就回到我这里。"原本就没打算离开的我，听了老公这番话，异常感动。相爱的两个人一旦分手，谁还会在原地等待对方呢？即使留在原地，他的心也一定会被伤得千疮百孔。

十多年前，我在青岛一家电子厂做仓管工作时，有一个湖南女孩和一个广西男孩相恋了。女孩虽不是十分漂亮，倒也小巧玲珑，十分耐看。而男孩长得高高瘦瘦，却精明能干。女孩专管出货对单工作，男孩在包装部门。在女多男少的电子厂，就是外在条件不怎么好的男孩也能找到女朋友。女孩每天都会到包装部来清点可发出的货物，同男孩一来二去便熟了。再加上那位男孩特别会讨好女孩，很自然，他们便相恋了。

在异地他乡打工的年轻男女都一样，远离了父母的管束，他们便恣意让情感盛放。两人仅认识不到一个月，便租了房子过起了同居生活。他们购买了锅碗瓢盆，如小夫妻那样开始了你恩我爱的小日子。他们租住的房子正巧就在我和老公的隔壁，于是他们的一举一动尽在眼底。男孩对女孩百依百顺，好得没话说。从厂区到租住地，大约有四里路的样子，每天加班回家，女孩喊累，走不动路，男孩便会从厂区门口背着她一路唱着歌到出租房。到了租住房，男孩就忙碌开了，去一里地外的夜市给女孩买好吃的零食或干脆给她做喜欢吃的面条。给女孩烧热水洗澡，洗完澡后，又赶紧把女孩的衣服洗了。通常是夜晚十点多钟了，女孩坐在床上吃零食，看小说，男孩却仍在忙碌个不停。他们小小的租房里不时传来阵阵笑声。他们的关系非常融洽，很恩爱。

就这样两人同居了大半年，忽然有一天，女孩变得心事重重起来。由于我和她住得近，她也时常会来我房间串门。趁男孩给她去集市买零食的时候，她告诉我，她远在湖南的父母给她打来电话，让她回家去相亲。她说，那位男孩不仅离自己家近，最重要的是家境很好。她几乎不用打拼，就可以在城区拥有一套住房。如此好的条件，对其父母是一个诱惑。于是，天天打电话催着她辞了工作回家去相亲。

在万般不舍中，她又说了眼前男孩的平庸，成天只知讨好她，半点远大志向也没有，何况还是一个外地的穷打工仔。她心事重重地对我说，她父母一定不会同意的。

也许她也曾向男孩透露过她的犹豫与不满，那段时间，两个人均很少说话，即使面对面也是一脸愁容，男孩显得很沉默，从前的欢声笑语再也听不见了。直到一天，他们发生了争吵，争吵的缘由还是在走或留的问题。女孩埋怨男孩没上进心，让家里人反对、看不起，而男孩则埋怨女孩太势利。

后来，在一天晚上，男孩加了一通宵的班回到出租房时，才发现她没在出租房，她的衣服与行李箱都不见了，想必是连夜走了。那一刻，男孩不顾加班通宵后的劳累，坐车疯了般地往火车站赶，到了火车站，终是没寻到女孩的踪影。男孩回到出租房后，捧着他给女孩买的布绒熊号啕大哭。一连好几天，男孩都躺在出租房不吃不喝，也没有去上班。

一周后，在我和老公的劝说下，才强打起精神去上班。尽管是在工作，其神情看起来也是愣愣的、呆呆傻傻的。

历经两个月，男孩终于从伤痛中走出来，又恢复了笑容。后来因他的工作出色，受到厂长的嘉奖，他常常利用奖励的银子请几个羡慕他的女孩，还有我和老公去外面吃吃喝喝。

见男孩已从失恋的痛苦中走出来了，我和老公也替他高兴，老公甚至还欲撮合他和其中一位女孩。

忽然有一天，男孩告诉我俩，前女友相亲后回来了。那个男孩虽有钱，可并不是她喜欢的类型。男孩说这番话时，眼中没有那份失而复得的欣喜，反而神情淡淡地说：“唉，回就回吧！她回了，我就重新租房住。”男孩说这番话时，大抵在心理上与女孩划清了界线。

后来，我和老公回了家乡，也不知他俩到底走到了一起没有。女孩在转了一圈后，回到原地，原来的爱情却早已变了心，换了味。没有人愿意等待一个立场不坚定的女孩，当女孩抛弃了男孩第一次，遇到优于男孩的人，也许，她仍会抛弃他第二次或第三次。

如果你遇到这种摇摆不定的男人或女人，还是躲得远远的吧。为了他（她）的利益，他（她）不在乎伤害你一次、两次或三次，只因，他（她）不是真爱你，否则，不会让你伤心难过。

他和她相恋四年，同居两年，最终，却弃她而去。只因，他找到了通往成功的最快捷方式。局长见他一表人才，才华横溢，很是喜欢，欲将自己唯一的宝贝女儿许配于他。

局长女儿骄纵跋扈，并不是他喜欢的那种类型。可为了坐上主任的位置，他只能忍痛割爱，向她提出分手。

婚后，有了局长岳父的照顾，他的工作一路顺风顺水。他的职务很快由当初的小职员，迅速成为单位的二把手，其权力仅次于局长。

很自然，局长退位，他接替了局长的位置，春风得意，志得意满。在周围莺莺燕燕的环绕中，他一直不喜欢的局长千金，此时已变成只知玩牌、遛狗的粗俗女人。肥胖的身躯，臃肿的身材，势利的眼光，让他再也无法忍受。

他很自然忆起了初恋的好，以及那段最青涩的情感。当他找到她时，她仍然未嫁。只因，她一直没能找到满意的人选。

此时的她，凭着自己的聪慧与干练，已成为一家公司的副总经理。出入豪车，衣着亮丽，言行举止优雅得体。时光没在她身上留下任何痕迹，她比从前更年轻、更漂亮了，而且，举手投足，更多了几分成熟的风韵。他被她靓丽的外表与内在的魅力深深吸引住了。当他向她再次表露心迹，并诉说着相思与当初的迫不得已时，她先是含笑不语，随即，柔柔地问了句："你们分手了吗？"

当他拿着离婚证与一束鲜艳的玫瑰向她求婚时，她却微笑不语，转身离去时留下一句话："一切太晚了，请原谅我没有在原地等你。我早已不爱你。"

尽管，她爱过他，可如今，他并不适合她了。爱情经过时间的洗礼后，改变了它原本纯真的颜色。一个为了自身利益可以不顾一切的男人，怎能值得信赖与托付终身呢？

女孩们在选择对象、谈婚论嫁时，要立场坚定，爱他就选定他，不合适就尽早分手，而不是反复犹豫着锲而不舍，舍又不甘，没人会经受得住你的犹豫不决。对于那些反反复复对你忽冷忽热的男孩，你大抵可以果断地拒绝他，如浮萍般飘忽不定的情感，是很难专属你的。

我们早已过了耳听爱情的年纪

两人相恋，我们用语言表述自己对另一半的爱恋没有错。可爱情并不是逞一时的口舌之快，也不是一种形式，它需要以心来交换。相信下面这则爱情故事，能让不少恋爱中的男女明白一些道理，我们不能只追求爱的形式，爱情不是拿来展示给人看的，而是需要付出一颗真心。这则爱情故事就发生在我一位同事的妹妹身上。

为向她表达爱，他用消毒过的小刀，忍着疼痛，在手心一点点地刻上她的名字。

满手的血滴落时，她一边埋怨他的傻，一边感动地帮他包扎。她想，能将自己名字刻在掌心的男人，其爱也一定深嵌内心吧？

于是，她放弃考研计划，不顾父母极力反对，毅然由南方同他私奔到了北方一座极冷的城市。

由于气候不适，当晚，她就病倒了，发着高烧，在阴冷潮湿的地下室里昏昏欲睡。那时，他们已穷得连买药与火炉的钱都没了。于是，他从很远的建筑工地，捡了废弃的木料在地下室里点火取暖。

熊熊的火苗伴着浓烟，在狭小无窗的地下室里腾跃弥漫。室内温度很快升高，驱走了直抵于心的寒冷，同时，烟雾熏得她眼泪直流。那晚，她的感冒虽好些了，可两个人几乎成了黑人。

后来，她找了一份公司办公文员的工作，他也在离她较远的地方找了一份给人送货打杂的差事。他俩搬出了地下室，租住在离她公司较近的地方。

随着工作的忙碌，他很少有时间回他们共同租的居室住。而她一个人，因为害怕，也很少回去。

直到有一天，他向她提出分手，她才知道，他打算抛下这里的一切，当然也包括她与他的曾经，同他有钱的上司去上海结婚了。

他搬走的那天，望着空荡荡的房间，她哭得天昏地暗，第二天，便也收拾行李告别了这所奔爱而来、为爱而去的城市。

此后，再也没了他的消息，她也不愿去打听，她要忘记伤痛。在父母的安排下，她开始了一场又一场的相亲，尝试着去接受新的爱情并开花结果。很快，她就找到了另一半，生活美满幸福。

只是偶尔，她还会想起他，那刻在掌心里的名字，那殷红的血，曾那样深地伤害过她。她恨他，曾以为，这辈子也不会同他再有任何联系。

没想到，事隔十年，当他的影子已完全淡出脑海，找不到任何痕迹时，竟然意外地接到了他的电话。

电话中，他告诉她，这么多年，他仍然记得她，负了她，纯属不得已，只因在一次酒后他被上司诱骗上床，致其怀孕……他声泪俱下地为过去的相负辩解。她没说话，只是握着电话冷冷地听。

他还告诉她，他早已离婚，这么多年，他想念的人仍是她……见她没吭声，他忍不住幽幽地问了一句:“你是否仍在恨我？”

她不想再听下去，而是冷冷地答:“我能有今天的幸福，应该感谢你才是，怎么会恨你呢？”说完，快速挂断电话。

将爱刻在手心，而不是刻在心里，是很容易被时光磨平的。当女孩受到伤害时，她才知道刻在手心的爱情，终是肤浅到不堪诱惑。当男孩受到伤害时，回首过往的爱，才知道没有真心交付的爱情，已被时光淹灭，没有人会站在原地等他，等候他爱的谎言。

在上述的爱情故事中，男孩并非不爱女孩，只是他的爱来得快，消逝得更快，哪怕用刀划得鲜血淋漓，也终不过是用苦肉计和肤浅的爱，以博得女孩的欢心。

这种将爱流于表面的男孩，往往见异思迁，是很容易受到外界利益诱惑的。与另一半交往时，他们并没有把真诚的爱恋放于首位，而是让利益高于一切，左右了情感。说白了，女孩嫁给这种重利轻义的男孩，以后也不会过上幸福的日子。在他们心中，利益第一，女人永远第二。

别以为那些口口声声说爱你的男人或女人，就有多爱你。也许他们更爱的是他（她）自己，却要用花言巧语哄着你死心塌地为他（她）付出一切。一旦遇到这种渣男或渣女，还是趁早离得远远的。

别让他（她）蚀光你的钱财或情感，给你造成更大的伤害。

有对爱得死去活来的情侣，他们曾经山盟海誓，为爱而生，也可为爱而死。如此“坚贞”的爱情，终是抵不过一场车祸的伤害。那天，女孩在下班回家的路上，被一辆小车撞倒后，随后又遭到了后面一辆摩托车的碾压。小车肇事逃逸，摩托车车主东拼西凑拿了两万元治疗费后，再也拿不出钱。当女孩躺在医院仍在昏迷中时，男孩到过一次医院，曾向主治医生打听过情况，得知女孩从此失去了右腿，只能依靠假肢或拐杖度过一生时，从此，男孩再也没到过医院。更令女孩感到寒心的是，男孩不仅拉黑了她的电话，趁她还在昏迷中时，还拿走了他送给她的一对金手链。

如此爱情，如春雷般轰轰烈烈，炽烈到气壮山河，未想，却在半途偃旗息鼓，只给人留下一片乌云笼罩的天空。

还有对情侣，男孩是性格沉闷、很少说话的那种，但他对女孩关怀备至，细心体贴。就在两人正打算于今年五一劳动节结婚时，没想到女孩却检查出患有白血病，透析与换肾的费用就得三十多万。可女孩家里穷，别说三十万,三万也拿不出。因为，她的父母在她很小时就离异了，并且两人都不知去向。她和年迈的奶奶相依相伴着过日子，好不容易在一个伯伯的资助下，念到大学毕业，没曾想却患上了此病。她奶奶和伯伯一家人躲在医院外哭时，男孩却没有掉下一滴眼泪。他回家偷拿了父母辛苦积攒了半辈子给他娶媳妇的钱，又向同学和亲属们借了一些，可还是不够。后来，社会爱心人士得知他和女孩坚定不移的爱情故事后，纷纷捐款。女孩得救了，她躺在病房苏醒过来第一眼看到的人就是男孩。他俩相拥而泣，是男孩用一颗诚挚的心挽救了女孩与他们的爱情。

我相信历经了生死的洗礼，他们的爱情一定会更加牢固，坚不可摧。爱，能够战胜一切，让日子变得幸福美好。他们的婚礼计划于明年正月举行，许多人都期待看到那一天。爱不仅需要语言表达，更需要付出行动。

情敌的较量

爱情是自私，更是唯一的，不愿他人和自己分享。于是，各种各样的爱情保卫战也在明里或暗里发生着。在与情敌的情感争夺战中，胜负皆有之。胜者，高兴、得意，情难自已；负者，悲伤失望，心绪难平。最为可悲的是，某些男女在捍卫自己的爱情时，不仅没有成功，反而将自己的恋人推向了情敌，更有些人在得不到爱情时，便做出伤害对方与情敌的事情，把自己变成魔鬼，从而受到法律的制裁。

见到自己的恋人与情敌在一起，你不可能不在意，也许，你最多只能装作不在意，但内心却如打翻了五味瓶，你会感到愤怒、悲伤，心里很不是滋味。

有女性大吵大闹或泼妇骂街似的耍赖，男性则冲上前去，挥拳相向。无论是哪一种暴力方式，都不管用，它只能证明你的粗俗与狭隘，让情敌与另一半看不起你。

与情敌斗，最讲求智慧。所以，面临情敌，我们最忌不冷静，忌歇斯底里让情绪失控。战胜情敌，以柔制动是较好的一个方式。

曾记得几年前在网上看过一则妻子智斗小三的故事，已不记得原作者是谁。一天，妻子忽然收到了一条奇怪的短信。短信中，一位陌生女孩让那位妻子赶紧从婚姻中退出，只因，她和她的丈夫彼此相爱。联想到丈夫近期的种种异常，妻子确信丈夫已做出了对不起自己的事情，可她不动声色，没有惊动丈夫，而是趁丈夫不在家时，约见了女孩。

女孩长相甜美，年轻漂亮，看样子是刚踏入社会没多久的大学生。女孩对妻子说："你丈夫早就不爱你了，守着他还有意思吗？还不如趁早离了，你也得到了解脱。"

妻子回答："爱不爱我是他的事，离不离开他是我的事。"

女孩一时语塞，气氛有点冷场。为了缓和气氛，妻子接着说："其实，我也不愿过这样的生活了，只要他愿意离，我会签字的。"

听说她愿意离，女孩表现得非常开心，说话的语气与先前冷漠的表情都得到了缓解，也愿意同男人妻子倾心交谈。

随后，妻子就丈夫和女孩婚后的事情做了一些交代，让女孩做好一些婚前的心理准备，以便于彼此能和谐美满地生活下去。

她告诉女孩："每天要早于丈夫一小时起床，给他备好早餐。只因，丈夫的胃不好，每天早晨的稀饭与蒸饺必不可少，丈夫不爱吃外卖。"女孩在心里默默记了下来。

妻子又告诉女孩："无论多忙，也要将家里收拾得整整齐齐，一尘不染，只因丈夫有洁癖，环境卫生不好会影响到他的心情。"女孩点点头。

妻子又说：“他晚上与朋友喝酒应酬时，无论多晚都不能打电话，这会让他觉得妻管严很没面子。”女孩皱了一下眉头，也点点头。

妻子还说：“他喜欢上别的女人彻夜不归时，你不能生气，否则，他会变本加厉。要知道，你已是他喜欢的第八个女友了。”

妻子还想往下说，女孩早已无心听下去了，她逃似的离开了这个家，换了电话号码，从此与丈夫没了联系。

妻子运用自己的智慧不动声色地战胜了情敌，让丈夫得以回归家庭。生活不是爱情，恋爱中的女子往往只看到了婚前的花前月下、卿卿我我，甜蜜、幸福、美好的那一面，而真实的日子到底是怎样的，她没有经历过，从没想到过，两个人的日子会如此琐碎到不堪。男人的缺点，沉浸在爱情中的女子看不到，一旦那些缺点被人放大，女孩才彻底醒悟，原来，与这样的男人生活并不是自己想要的，于是，急速离开。

当两个人走进婚姻后，我们有时会避免不了要面对情敌。面对情敌暗中的较量，我们是板着面孔匆匆而过，还是用一副冷漠的神情以示我们的不屑？其实这些都没必要，过去的恩怨情仇均已远去，我们理应表现得坦然、大方、热情与友好，才能显得不卑不亢。

一个闺密的男人十多年不见的初恋从深圳回老家来办点事。男人的初恋我常听闺蜜提起，当年因长相不怎么漂亮，被男人所弃，在男人和闺蜜举办婚礼那天，初恋还曾来过，大闹婚场，还醉得不省人事，最后是闺蜜老公委托两位朋友将她背到一间旅馆休息。事隔多年，初恋在深圳任一家公司的高管，后又自己投资开办了一家公司，日进斗金不说，还在深圳买了两套房。而闺蜜除了人长得漂亮一点，再也没有什么过人之处，成天在家也只知柴米油盐，相夫教子，男人也挣不了多少钱，一家人穷得连儿子上学的报名费也要东拼西凑。闺蜜说，老公谈到初恋情人时常常一脸羡慕和悔意，令闺蜜既气愤无奈又心生妒意。

那天闺蜜刚上初中的儿子要返校，他们夫妻俩站在路边陪儿子等车。偏僻郊区，公交车本就很少，等了好半天，还没等到车。忽然，一辆豪车不声不响地停在了他们身旁。从车窗里伸出一张打扮精致的面容，这不是老公初恋吗？闺蜜刚想和她说话，初恋却不理会她，而是径直和她老公打招呼。初恋同昔日负心人说话时，那种语气与神态，是一种春风得意的高傲与讥讽，心想，你当初抛弃了我，娶了她，也并不比我过得好嘛！听说他们夫妻俩站在路边，是想送儿子去学校时，她立即提出要开车送负心人和儿子去学校。闺蜜老公神色极不自然地拒绝说："我不去，只有我老婆陪儿子去。"

初恋没说话，她在想着还能用什么话激将一下往日的负心人时，闺蜜上前以委婉的语气拒绝说："谢谢你了，我还得去超市陪儿子买些生活日用品，就不必麻烦你了。"

没料，不懂大人恩怨的儿子揭穿她的谎言说：“学校不是有超市吗？我的日用品每次都是在学校买的。”

谎言被揭穿，彼此都显得有些尴尬。倒是初恋表现得很是大方地说：“没关系，就上我的车，反正我也要路过学校的。”

闺蜜没有直接上车，而是立即回屋拿了一包自己做的风味酱菜，还有自己炒制的上等茶叶送给老公初恋以作感谢。一路上，这两个女人再也没了敌意，反而倾心交谈起来。这么多年，闺蜜才知道初恋闯荡出一番事业的不易，几乎是抛夫别子，除了拼搏挣钱，生活了无乐趣。初恋也从闺蜜身上看到了一个女人勇于牺牲自己的事业为家庭无私奉献的真善美。

到达目的地时，两个女人俨然成了最好的朋友，竟是恋恋不舍地分手。再遇见他们夫妻俩，初恋再也不有意无意地挑衅他们了，而是变得非常尊重与热情。

一日，闺蜜老公搂着她问：“那天，你是用什么办法让她对我们无比客气的？”她，当然指的是初恋了。

闺蜜笑着说：“我俩的日子虽穷点，但并不穷志气。我乘坐她的车，给足了她炫耀的面子，又以礼物答谢她，她能不高兴吗？”

原来，是闺蜜用自己的有礼有节、热情与大度打败了初恋的高傲，更打败了老公的贫穷与自卑心理。

以一颗宽容之心、热情与大方，让拥有敌对情绪的仇人，变成友人，这才是制胜情敌的高招。

还有一对情敌，住在一街之隔，彼此待在自己家，便能清晰地窥探到对方的一举一动。因为女孩丽丽，他们结怨多年，互不说话。见到对方，也是虎着脸，迎头傲然走过，谁也不搭理谁。

个儿矮的那位跑长途货运，高的这位则开了个五金小作坊。高个不抽烟，不酗酒，拼命挣钱，矮个情敌也戒了烟酒，收入与他不相上下。高个情敌给自己女人买高档化妆品，矮个则给自己女人丽丽买名贵服饰；高个为自己女人买了一对手链，第二天，仔细瞧，丽丽脖子上便会多了条金灿灿的项链；高个给岳父买茅台，矮个准会给丽丽母亲买营养滋补品。两位情敌攒足了力比赛，看谁挣钱多，谁家女人更幸福！并以此为豪。高个明白，他们这样做全是给丽丽看的，只因为，矮个抢走了他也喜欢的女人丽丽。当年，两个男人为争夺丽丽成了不共戴天的仇人，此后无论干什么，彼此都暗中较上了劲。

半年前，矮个发生了一起车祸，车废了，人伤势严重。经抢救，虽捡回一条命，可左臂永远没了，欠了一屁股债。见心爱的女人丽丽跟着自己吃苦受罪，甚至，连腕上的手链也卖掉还债，他的心里很难过，觉得不如高个，不能给丽丽带来幸福。

出院后再见高个，他没了往日的狂傲，而是微低着头，很自卑。高个路过，平静地扫了矮个一眼后，也扭头而去。

没多久，矮个便听说高个的五金小作坊被人骗走了大部分资金，不得不关门停业，还欠了一屁股债，估计半辈子也难还清。矮个叹惜之余，为自己沾沾自喜，情敌也有那么笨的时候。

半年后，一家小型五金公司在另一条街正式投产了。有人特意来家聘请矮个去做保安，月薪比同行业薪水高出很多。真是天上掉馅饼的好事，矮个很高兴，工作尽职尽责。不久，他就被提拔到了管理层，月薪过万，又能让丽丽过上幸福的生活了，他很满足。令他郁闷的是，他发现高个也在公司，穿着工作服，跑来跑去。他不明白高个来这里干吗。

于是，偷偷跟上去，只见高个进了总经理办公室，一位秘书模样的年轻女子拿着文件走进去叫着“总经理”，他才恍然大悟，这家五金公司是高个办的，高薪聘请他的当然也是高个了。他不明白高个为什么要这样帮自己，便走进总经理室问个究竟。高个说：“我不希望丽丽过得不幸福，帮助你，也是在帮助她。”

我想，这就是一个人的胸怀与境界，让昔日恋人幸福，当你遇见情敌时，便再也产生不了敌意，而是为他们祝福。当你这样想，也如此做时，你对恋人不会因爱而生恨，对情敌也不会因嫉而生仇，而是会收获另一份特别的友谊。

我愿做一片云，替你抵挡烈日

婚姻将两个没有血缘关系的人捆绑在一起，爱就是一种责任与义务了。

在婚礼上，当新郎与新娘互拜过天地后，新郎拉起新娘的手，相对而立，含情脉脉地看着彼此的眼睛时，婚礼主持人往往会说上一段宣誓词，让这对有情人当着众亲属与朋友的面回答。

一般主持人会先对新郎说："先生，当你的手牵定她的手，从这一刻起，无论贫穷和富贵，健康和疾病，你都将关心、呵护她，珍惜、理解、尊重她，照顾、谦让、陪伴她，一生一世，直到永远，你愿意吗？"此时，深情款款的新郎会回答说"我愿意"。

随后，主持人又转向女方问"女士，当你的手牵定他的手，从这一刻起，无论贫穷和富贵，健康或疾病，你都将忠于他，支持他，帮助他，安慰他，陪伴他，一生一世，直到永远，你愿意吗？"此时，娇羞的新娘也会回答说"我愿意"。

面对公众，"我愿意"这三个字，就包含着沉甸甸的责任与义务。表明在今后的婚姻生活中，夫妻两人有相互扶持、相互帮助、风雨同舟、同甘共苦的责任与义务。无论面对什么样的处境都不能离开对方、抛弃对方，给彼此幸福，这就是爱的责任。

面临困境时，爱不是逃避，是相依相伴，是不离不弃，用爱坚守着一份责任与义务。在我家乡就有这样一位大爱妻子曹纯秀，她十一年如一日地照顾瘫痪在床的丈夫郑启付。为了丈夫，十一年来，曹纯秀从没出过远门，即使偶尔外出有事，也总是匆匆忙完后赶回家。她怕丈夫孤单、寂寞，担心丈夫想不开而做出什么傻事，即使干着家务活时，也时刻不忘盯着丈夫，并陪他说话解闷。这十一年，她每天的工作除了忙农活，照顾两个孩子，还要帮郑启付洗脸、擦背、洗澡、喂饭，抱着体重一百二十多斤的丈夫上下轮椅，日复一日，年复一年，很是辛苦，可她从没在他面前抱怨过苦与累。她觉得自己有责任帮丈夫渡过难关，在她的努力下，她相信丈夫一定会重新站起来。

十一年前，郑启付是在为别人翻修屋顶时不慎从楼顶掉下来摔伤的，当时伤情非常严重，颈椎被摔断，诊断为高位截瘫。医生说，即使治好，有可能永远只能躺在床上。那段时间，曹纯秀觉得天都要塌了，她一面照顾病床上的丈夫，一面四处找亲友借钱看病。她细心地护理着丈夫，推着他先后辗转各大城市治疗。为此，她不仅花光了家里的全部积蓄，还让他们背上了十几万元的债务。

曹纯秀对丈夫不离不弃的照顾与相濡以沫的陪伴，用真情最好地诠释了爱的责任与义务。而这种生死相依的爱恋在物欲横流的现代社会来说，还会有多少呢？见过很多夫妻，因为贫穷，便争吵打闹直至分手。也见过一些夫妻，有了大把钞票后，花天酒地，彻夜不归，弄得家不成家，最后只能一拍两散。“贫穷夫妻百事哀”“男人有钱就变坏”“女人变坏就有钱”等俗语，都是没有责任感的表现。他们的情感淡漠，心中除了钱外，再也容不下任何东西。由于他们心中没有爱，理所当然，也就不会给对方带来幸福的生活。面对这种毫无责任感的男人或女人，还是趁早离开为好，别指望他（她）能在你遇到困难或遭遇不幸时帮助你，对你不离不弃。否则，那时连后悔都来不及。

村上春树曾写过：对相爱的人来说，对方的心才是最好的房子。相爱，就是让对方进驻到自己的心里，让他（她）享受到温暖与关怀。

爱一个人是一种责任与担当，男人会想着努力挣钱，让女人、孩子能过上幸福美满的生活。而女人理应和男人一条心，在精神上抚慰他，更要把家打理得温暖舒适，在男人累了、倦了的时候可以放松身心。爱更是体贴与关怀，还有彼此的付出。付出一片诚心、爱意，你便会收获满满的幸福。

爱一个人，更要有一种牺牲精神。牺牲自己的时间去陪伴爱人；在必要时，牺牲自己的工作去成就爱人的事业；牺牲自己的青春去努力打拼，为整个家庭创造美好的生活；牺牲自己的一切，为了他（她），只因，你的一切都是他（她）的，在走进围城的那一天，你们就已经永远地融为了一体，不分你我。

夫妻间如果没有牺牲精神，在小事上斤斤计较，鸡毛蒜皮地算计着利益得失，又怎能扛起爱的责任，去经历共同面临的风风雨雨呢？

见惯了那些为家务活分配不均而争吵的夫妻，为谁付出多、谁付出少而争吵不休的家庭，因为缺乏牺牲精神与彼此间的包容，才让昔日恩爱的一对最终走向锱铢必较与势不两立。

曾记得1998年的那场特大洪灾，一对夫妻担心家里的财产，私自划着船从转移安置点回到已被洪水淹没的家里查看时，巧遇又一轮洪峰经过。他们的船被浪打翻，夫妻俩被洪水冲到了近处的一棵树上。树很小，在洪水中左右摇摆。夫妻两个紧紧抓住枝干，看着身下的洪流恐慌不已。此时，水越流越急，两人已是精疲力竭，紧抱住枝干的手，已变得疲软无力。更令夫妻俩绝望的是，小树已经承载不起两人的重量，隐约能听到树干在“噼啪”作响的断裂声。丈夫用无比凄凉的眼神看了一眼妻子后，对她说：“你照顾好我们的孩子和父母，我下去了！”说完，丈夫放开双手，跌入水中，随洪流漂走了。妻子凄厉地大喊着他的名字，可浑浊的水面，只能听到汩汩洪流声和呼呼风声。后来，妻子被武警官兵们救起时，她神情恍惚地喃喃自语说：“结婚那天，你不是答应要好好保护我一辈子的吗？怎么能先走呢？”

在场的所有人都为这对夫妻俩的真挚情感动容，全都流下了泪水。

生命只有一次，能为爱人不惜牺牲自己生命的爱情，是最珍贵的，也足以撼动人心。

曾记得多年前，发生在深圳的真实一幕。有一位朋友在生意上得罪过一帮小混混。那天晚上，他们夫妻俩共进晚餐时，忽然，那帮小混混闯了进来，对他们夫妻俩进行殴打与辱骂，随后又对朋友妻子动手动脚起来，男人为保护妻子奋起反抗。为首的那位小混混在连挨了男人两拳后，恼怒异常，他拿出随身携带的一把刀朝着男人的头部砍去。就在这千钧一发之际，妻子伸出手挡在丈夫前面。随着凄厉的一声惨叫，妻子失去了左手掌倒在了血泊中，那几名小混混吓得赶紧逃了。男人拨打电话叫 120，很快，女人被送进了医院。因为抢救及时，妻子的手掌又被重新植好了，那几名小混混也被抓捕归案了。

出院后，尽管左手还不能活动，妻子仍然很高兴，很幸运地对前来看望她的人说：“我多失点血、痛苦一点不要紧，只要我丈夫没事就好。”

有一首诗曾写道：“我愿做一棵树，屹立在你必经的路上；我愿做一片云，替你抵挡烈日；我愿做一把伞，经受暴风骤雨。”这就是爱情，生死与共，愿意为你付出全部，包括生命。只因爱你，是我一生的责任与义务。爱的责任，就是不离不弃，相依相伴，互尊互爱，平淡相守一生。

第三辑

你为我行走四方，我为你洗手煲汤

夏花虽绚烂却只能盛开一季，松柏虽平淡却能永远长青。轰轰烈烈的爱情，抵不过平平淡淡相濡以沫一辈子。

你为我行走四方，我为你洗手煲汤

汤，是各种食物中最鲜美可口、最富有营养、最易消化的食物之一。对偏爱汤的人来说是“宁可食无馔不无汤”。只因，看上去不起眼的汤里蕴藏着丰富的营养物质，含有蛋白质、维生素、氨基酸、钙、磷、铁、锌等人体必需的营养元素。有人把喝汤比作是“最廉价的健康保险单”。好的婚姻也如汤一样，不仅营养丰富，还贴心暖胃，令人不忍舍弃。

这里有一则与汤有关的婚姻家庭故事，道明了一个与爱有关的生活哲理，当我们迷失了方向，站在婚姻的十字路口徘徊犹豫时，唯有一碗汤，便能让我们忆起回家的方向。下面就是与汤有关的一个故事，暖胃暖心，能治婚姻之疾。

她有了外遇，而他，全然不觉，依然每天为她煲一碗汤。只因，她有胃病，且爱喝汤。

为了达到同他离婚的目的，在餐桌上，她摔了他嗜以为命的酒杯。

他呵呵笑着，一边收拾地上的残局，一边说：“你咋那么大脾气？反对我喝酒，以后，我就不喝了嘛！”从那以后，在家里，他再也没喝过酒。

为了同情人到深圳旅游度假，她忽悠他说，自己想单独出去玩几天。他不无担忧地问：“你从来没有独自外出过，在路上可要照顾好自己，胃不好，记得多买汤喝！”她心虚地答应。

临行前一天，他帮她收拾好行装与胃药，又仔细地叮嘱她，孤身在外需要注意的安全事项，记得按时服胃药，并告诉她，哪种汤最养胃。她心中暗自好笑，这些事哪用得上他操心。

同情人在大梅沙的海边无比愉悦地嬉戏时，他的电话不合时宜地打过来。她接通，不耐烦地训责：“你别老打电话烦人，好不好？”

他在那边嗫嚅着说：“我只是担心你，怕你一个人迷路。”她气咻咻地说：“我又不是三岁孩童了，还会迷路？”说完，冷冷地挂了电话。

度假归来，她决定同木讷的他摊牌了。只因，情人答应娶她。

在他为她备好的晚餐桌旁，她不假思索地对他说：“咱俩离婚吧，我爱上了别人。”

他心不在焉地说：“开什么玩笑？都十多年的老夫妻了。”说完，他舀了一碗排骨汤放在她面前说：“快趁热喝，凉了喝坏胃！”

真是个榆木疙瘩！她摇着头，默默喝汤，思索着该怎样说才能让他相信。

不知是她胃口不好，还是心情不好，总之，觉得汤很淡，喝起来无滋无味，犹如她平淡无趣的婚姻。

今天，她是铁了心要离。只因，情人在楼下等着她。她摔下碗筷，故意找茬儿说："这什么汤，连盐都没放！"

他一愣，随即，尝了一勺汤，嘀咕着说："我加过盐的嘛！"见她冷冷地板着脸，立即起身，端着汤碗到厨房加盐。

他在厨房忙碌的那会儿，她忽然接到了情人打来的电话。情人没容她开口，劈头盖脸就吼："我都等了半天了，你到底还来不来？"

这时，男人端了重新热好的汤，笑容满面地走过来对她说："你尝尝，现在应该不淡了！"

她无声地挂断电话，默默喝汤。那一刻，她忽然不想离了，她觉得他做的汤真好喝，她还想喝一辈子！

婚姻，就如一碗平淡无奇的汤，贴心暖胃，却又咸淡自知。在日复一日平淡无奇的婚姻生活中，我们有时会抱怨日子乏味、枯燥，激不起兴致，于是向往激情、浪漫的生活。我想，这是男女出轨寻找婚外情或冲出围城的原因之一。可一旦冲出围城，又发现生活空虚、无聊极了，便又特别怀念那份如汤般平淡无奇却又贴心暖胃的日子。

晚饭后在堤边散步时，同行的女友指着前方不远处一位穿白色连衣裙的女子，悄悄告诉我："这女人真是亏大了，那么幸福的生活不过，偏要去做第三者，插足别人的幸福家庭，如今弄得两个家庭都散了，最后仍是孤身一人。"我抬头看，女人身材很好，背影袅袅婷婷。女友压低声音一路向我讲述起了这个女人的故事。

女人的丈夫憨厚老实，挣的钱也不少，对女人是真心实意的好。可女人总是嫌丈夫呆板，不会说哄人的话，于是同镇里的某汤姓男人好上了。那汤姓男人除了会献殷勤，会体贴人，其实也没什么好，全靠老婆挣钱，自己有一份工作，薪水低得连养活自己都困难。没过多久，他俩的事便被汤姓男人老婆发现了，汤姓男人老婆找到女人的丈夫告知这件事后，两个家庭同时离了婚。离婚后，女人和汤姓男人很快拿了结婚证，辞了工作，并远走高飞了。原以为他们婚后会过上幸福美满的生活。没料，婚后不到半年，两人却离了。至于原因，谁也说不清。有人说，曾在外地见过那位汤姓男子正在一物流公司帮人卸货，每卸一次货得到钱，便往邻近的发廊跑。而女人回来后，憔悴了很多，又无处可去，便住在娘家。娘家哥嫂却很不欢迎她，尤其是嫂嫂，常指桑骂槐。她实在待不下去，回到前夫的家，没料，两个孩子都不理她，前夫也不愿意接受她。她只能在镇中心租个小摊位，以卖水果为生。这件事在整个小镇里掀起了轩然大波，闹得众人皆知。女友一路叹息道："真不值！放着好好的幸福不享受，偏要去遭这个罪，这就是追求激情的后果。"

平淡无奇如汤汁般贴心暖胃的婚姻往往能滋润一个男人或女人。倘若你拒喝这种汤汁，偏要饮用富有刺激性的烈酒，以迷醉到不知归路为乐，你会发现这种酒，它伤肝、伤胃又伤心。身体在受到五脏六腑俱损的创伤后，若想回到从前，已是不可能了。

当我们生活在幸福中时，却往往感受不到幸福。嫌日子平凡乏味、平淡无奇。只有当你失去这份安稳与自在的平淡生活时，才会发现当初的自己有多傻，怎能把幸福轻易毁掉呢？其实，亲手毁掉自己幸福的，是对平淡生活的不满足，他们幻想更刺激或更有戏剧性的生活，往往这样的生活只适合于影视剧，根本不适应现实生活。那些婚外恋者，他们原本的家庭并非完全不幸福，只不过他们受到家庭琐事的烦扰，或夫妻间发生了争吵，甚至对婚内生活产生了厌倦。其实，这些是每个家庭都会面临的问题。只要两个人相互努力，困难总会迎刃而解，生活将是阳光满满。

两个人的生活也不一定全是沉闷乏味，我们也可以将日子过得浪漫小资与活色生香。如年轻时那般一起出去看场电影，一家人出去游玩，共同回忆恋爱时光或手牵手到曾经恋爱过的地方走走。每天都给自己或对方创造些小欣喜，你会发现年轻时激情四溢的时光又回来了。

汤汁无须如菜肴一样，日日变换着花样吃。它给人的作用是补充营养，调理身体。有了好的身体，才能有一切。同样，好的婚姻也是如此，它不讲求外表的奢华与成功的光环。即使家徒四壁的一对老夫妻，也能将日子过得幸福、美满。只因，好的婚姻能给夫妻双方以战胜困难的动力，是幸福生活的保证。

谢谢你爱我

我们每个人都要有一颗感恩之心，感恩父母给了我们生命，并养育了我们；感恩老师的谆谆教导与辛勤培育；感恩陪伴我们成长的兄弟姐妹；感恩同学、朋友以及周边的人给予我们的友爱与帮助；夫妻之间更要感谢对方给予的温暖、关怀与绵绵情爱。

举案齐眉、相敬如宾是古人推崇的夫妻之道。何为“敬”？即懂得感恩彼此的付出。倘若一方对另一方的付出习以为常，甚至还认为是理所当然，日子久了，付出的那一方必会心理失衡，凭什么老是我在付出，还得不到只言片语的安慰？心理一失衡，情绪与矛盾就会产生，冷战或争吵在所难免，夫妻之间当然就不可能相敬如宾了。

爱情在长期的共同生活中不断发展、深化。这种发展、深化是通过许多生活小事来进行的。如男人在外工作辛苦一整天后回到家中，妻子为他端来热气腾腾的饭菜，或做点他喜欢吃的，犒劳一下他的胃，这就是妻子在对男人表达爱与谢意了。男人口渴时，妻子给他端来一杯水，并对他说：“今天，你辛苦了。”相信，这样充满温情的一句话与温柔体贴的一杯水，定能让男人感动到心生暖意。

这些虽是极小的事，却能打动人心，让男人内心变得柔软无比。倘若男人在外辛苦了一整天既饥又渴地回到家中，妻子坐在沙发上看电视，没理会他，家里冷冷清清，甚至连中午吃过的碗筷都在水池里泡着还未洗，家里到处都扔着快餐盒等垃圾，想必这样的情景，一定让男人的心情好不到哪儿去。同样，女人若在外累了一整天回到家，家里的男人不仅没有只言片语的关心与问候，却仍然坐在电脑前聚精会神地玩着游戏，相信再温柔的女人也会控制不住自己的情绪了。

爱是相互的，夫妻间的付出也是相互的，这样才能做到郎有情妾有意。夫妻之间平等享受爱，没有一方会永远享受而不付出，也没有一方会永远付出而不享受。付出也许是物质上的给予，也许是精神上的慰藉，行为上的关怀或者是口头上的赞美，总之，夫妻间要做到互相关心、相互爱护与相互帮助，“细微之处见精神”，双向付出的婚姻才能更加稳固、幸福。

夫妻间的付出并不一定对等。并不是一方付出了多少，另一方就得付出多少。在生活中，夫妻双方各有分工。无论是在外打拼的丈夫，还是在家里照顾老人与孩子的妻子，他们的分工虽不同，但各有各的辛苦与难处。因此，有些大男子主义思想的丈夫在外挣得几个钱后，便自认为在家里劳苦功高，需要如皇上那般享受特殊待遇。他们会在家里指手画脚，认为自己了不得。将钱交给妻子时显得趾高气扬；享受着妻子的饭菜与周到照顾，觉得是理所当然，饭后碗筷一扔，该玩玩、该乐乐，剩下妻子一人收拾半天，也绝对不会说半个“谢”字。这种男人他只认可自己的付出，却从来看不到妻子的付出。因此，他的心中从没有感恩过妻子的付出。

可以说，不懂感恩的男人或女人是自私的。有些女人，工资拿得比男人高些，便自鸣得意，从心底里瞧不起男人，在家里摆架子，指使男人做这做那。其实，她不懂得丈夫也在为她付出着，如她晚归时，丈夫的担心；她累了时，丈夫的体贴关怀；工作压力大，情绪低落时，丈夫会耐心安慰，这种付出实质为精神给予。她努力拼搏，给家里创造好的经济条件，付出了劳动，丈夫虽在物质上付出得相对少些，却用理解与关怀在背后给予了精神支持，这也是一种难能可贵的付出。其实，付出很简单，一个温柔的眼神，一个关怀的动作，一句小声的问候，一个柔情满满的“谢谢你”“辛苦了”“你好样的”，定能换来对方微笑的脸庞，情深似水的依恋与相互理解和包容。懂得感谢，就是懂得尊重对方的爱与付出，才能相互理解，营造一个和谐、幸福美满的家庭。

夫妻间永远不要吝啬对另一方的感恩与赞美。比如妻子做了一桌可口的饭菜，懂感恩的男人常会说：“好香啊！真是辛苦你啦！”一番话说得妻子心里暖暖的，你对她的赞美与厨艺的认可，让她觉得付出有价值，自己的辛苦没有白费，便乐意为你付出。倘若男人坐到桌前就自顾自地吃起来，也不管妻子吃不吃，吃的时候，还对妻子所做的菜横挑鼻子竖挑眼，相信他的妻子早已没了好脸色，下次欲再享受到她的饭菜恐是不易了。如果一个人的付出得不到感激，甚至连理解也得不到时，是特别令人伤感的，毕竟你用心付出过。

由此，我想到老公对这个家庭的付出，还有我唯一一次对他的嘉奖，以表达感激之情。

前些年，我是一个工作狂，平时，因工作忙很少照顾家里，更难体会到老公的辛劳。老公每天早早起床，坐三站公交车上班。晚上回家，还得洗衣做饭，照顾才上幼儿园的三岁儿子，很是辛苦，却从来不曾抱怨过。那时，我是个粗心的女子，对老公这些付出视而不见，下班回到家，有时还为工作上的事向老公抱怨，吩咐老公为我做这做那，即使在半夜，想吃点什么，而家里没有，也会嚷着让老公去买。面对我无理的要求，老公一般都会应承下来，默默去做，很少有情绪与怨言。而老公每月的薪水都如数交给我，让我和儿子花费，买漂亮衣服，买好吃的零食，却从来舍不得为自己花费分文。

老公是天底下最优秀的男人，为了这个家，毫无怨言地奉献着自己的青春。为了表达对老公的谢意，我特意购买了一件衬衣、一条领带，还有一款电动剃须刀作为奖品。奖品价值不算高，但正是老公想要的。随后，我又在一家收费不算高的酒店订购了一桌晚餐，并点了老公最爱吃的几个菜，如鱼香茄子煲、皮条鳝鱼、麻婆豆腐等。

当我给老公打电话，告知他别做晚餐，有人宴请时，老公吃了一惊，问：“今天谁宴请我们呢？怎么事先没人告知？”

我微微一笑说：“一会儿你就知道了！”

当老公急匆匆地赶过来时，却见我一人孤单地守着满满一桌的菜。老公十分诧异地问：“怎么？其他人呢？”

我佯装不知地问：“谁啊？这不就我俩吗？”

恍然大悟的老公，有些气恼地瞪大着眼睛说：“你简直疯了，两个人能吃下这么多菜吗？”

我笑着拉老公坐下说：“我没疯！吃不完打包，带回家放冰箱，明天再吃。你为这个家付出了这么多，从来没有好好休息过，我请你上餐厅吃饭，并点这么多菜，就是想让你好好歇息两天，你知道，我的厨艺不佳，担心坏了你胃口，便只好在酒店宴请你了。”

当我拿出赠送给老公的奖品时，瞬间，老公的脸上露出了开心的笑容。

其实，我给老公发奖品，就是为了肯定他对家庭的付出与爱。作为夫妻，很多时候，大家都习以为常对方的付出，却吝啬给对方的爱给予肯定与嘉奖。

那天，老公感动地拥着我说了很多情话，这是自我俩结婚以来关系最亲密的一天。

夫妻间懂感恩，就是懂得尊重对方的付出，这是夫妻关系更稳固、更长久的原因之一。有不少夫妻离婚，就在于心中对另一半不存谢意，或不会表达自己的谢意。太过自我的夫妻，必将毁了彼此的感情。

舌尖上的诱惑

男人的心连着胃，女人要想打动男人，必先满足其胃。

闲聊时，有位关系很好的女友同我谈到了她和老公的恋爱史。女友打趣地告诉说，她老公在恋爱那会儿根本就不是什么好人。婚前，在爱着她的同时，还爱着另外一个女孩。那时的她，根本不知道，男友竟然脚踏着两只船，要是知道，她早就一脚将他踢飞了。她只知道男友和那位女孩走得很近，还瞒着自己说是他的表妹，那时，她居然信以为真了。

女友告诉我，那位“表妹”长相真是漂亮，白里透红的肌肤，似乎一把能掐出水来，娇滴滴的声音魅惑得人连骨头都是酥的，哪似自己除了做得一手好饭菜，微笑着看他吃得心满意足，再也没有其他长处。

开始，男友几乎每天都要去“表妹”那儿待上很长时间，直到公司取消了饭堂，她买来厨具自己做饭炒菜后，男友便很少往“表妹”那儿跑了。男友来这儿，总是要先打探一番，她做什么好吃的，随后，又拉开橱柜门，东闻闻、西嗅嗅地翻看，看到好吃的东西，便直接拿了塞嘴里，边吃边赞叹。真是一个吃货！女友嗔笑。见他喜欢吃，通常，女友会变着花样给他做吃的，看着他吃得欢快，一脸幸福与满足的神情，女友的内心也被幸福感充斥着。就这样，男友被女友的美味迷住了。很多时候，他会告诉女友，说她在厨房忙碌的身影很美，哪似他“表妹”除了撒娇，拉着他出去到餐厅酒店大把花费，什么也不会，这样的女人结婚后，还不成了一个败家子？男友数落着“表妹”的不是，女友却是沾沾自喜。

直到结婚，女友才知道，那个女孩哪是丈夫什么“表妹”，而是他三角恋的前女友。得知实情，女友心里虽然很不是滋味，但想着自己用美味打败了第三者，成为最后的胜利者，心中又窃喜不已。

女友战胜情敌的恋爱故事，打动了我。看着如今的她一脸幸福满足的神情，我在心里为她喝彩，用厨艺打动男人的女人最美。美味对于男人来说是最好的诱饵，它能诱惑男人一步步靠近你，永远离不开你。有一手好的厨艺，是女人战胜男人的重要秘密武器，又有多少女人能知道？

有一次，老公因琐事和我争吵，随后几天，两人冷战到互不说话。到了吃饭时间，平时节省惯了的老公便会泡上一桶方便面，或就着一杯白开水啃着冰箱里的几片冷面包。而我却每天变着花样给自己做吃的，心想着，他不疼我，我得好好对待自己，更要馋死他。那一天，我买来食材，利用整个下午的时间，做了满满一桌浓香扑鼻的饭菜。老公很是眼馋地看了一眼，咽了下口水，随后打开冰箱拿起了一片冷面包，就着白开水慢慢吃起来。吃到一半，他的眼睛斜斜地盯着我看，喉头嚅动了几下，想说什么，却是什么也没说。我知道，他一定是想吃我做的饭菜了。

我率先打破僵局说："有什么好看的？想吃就过来！"

老公一脸兴奋道："真的？你允许我吃？"

我没好气地说："吃不吃随便你！"

老公扔了冷面包，高兴地坐过来，那顿饭我们和好如初。我想，是一顿饭缓解了我和老公之间的矛盾。此后的日子，老公再也不敢和我争吵，他知道我一生气，后果将是他得好几天吃不上饭。

厨房是女人生活的重要平台。没有厨房里的烟火味，就没有家的感觉，也就少了生活的情趣与温情。

俗语云："女人家！"女人与家息息相关，没有女人在厨房忙碌的身影，哪还有家的味道？

系着围裙在厨房里忙碌的女人很美。她们的美在于心中存有对他或家人的爱，她们用劳作的汗水，在切洗炒烹煮炸的过程中，精心烹调着一位女子的全部柔情。在做饭菜时，女人的内心是安静的，也是充满温情与爱意的。美食的清香在家里四散飘逸，她的思绪流连在爱着的男人身上、孩子身上，每个人喜欢吃哪种味道的菜，她都了如指掌。在灶台忙碌时，连眉眼间都充盈着柔情。在厨房里，她再也不是在商海里叱咤风云的女强人，也不是行为干练的白领，更不是一呼百应的领导，此时，她就是一位为深爱着的男人洗手做羹汤的贤惠妻子，更是一位慈爱的母亲，她只是家庭成员的一分子，女性的光辉在这里尽显。

其实，男人对女人的厨艺要求并不高，很少有夫妻因为厨艺的高低而争吵的，男人喜欢看的只不过是女人在厨房为他和这个家忙碌的背影。

结婚之初，婚前极少下厨的我，为丈夫第一次做饭菜。鱼煎煳了，炒青菜咸得无法下咽，饭也烧焦了。我无比抱歉地对老公说："对不起，倒了重做吧！"老公十分体贴地阻止我说："别倒了，你也够累的了，我就喜欢烧煳的味道！"丈夫虽是皱着眉头把一条鱼吃完的，却感动得我热泪盈眶。我知道这里面已经包含了他对我的感激、体贴，更有爱意与包容。此后的时间，我无论做出多么糟糕的饭菜，老公都会佯装吃得津津有味。他知道工作忙碌的我，实在难得有闲心做一顿饭菜犒劳他的胃。只有在这时，我才没有职场上的风风火火，而是变得温柔贤淑，有点女人味。

别小看家人共进晚餐这件小事。此时，一家三口坐于餐桌边，边吃边轻松交谈，孩子的学习与成长问题，工作中的烦心事与生活琐事都能在此迎刃而解。在我舀你一勺鸡蛋羹，你夹我一箸爱吃的营养菜中，夫妻间变得情意绵绵，亲密无间，一家人其乐融融。因此，在夫妻共进晚餐时，不仅能增进夫妻间的交流，更能增进彼此的感情。因此，不管我们平时多忙，也要抽空回家和家人共进晚餐，那是与家人进行沟通的最温馨的平台。

在男女平等的今天，厨房不再只属于女人，男人也可以拥有一手好的厨艺，以满足女人的味蕾，这样更能抓住女人的心。只因，会下厨房的男人，一定是细心体贴、温暖可爱的。为了心爱的女人，他们情愿变成“家庭煮男”，为了心爱的女人，他们心细如发丝，懂得如何去讨好一个女人。

充满着烟火味的厨房，能让男人变得有责任感。有很多女性在择偶时，都要求未来的老公会下厨。在职场竞争日益激烈的今天，男人下厨已成为当代婚姻生活的一种趋势。婚姻不再是传统的“男主外，女主内”模式，当下的“超级奶爸”“模范煮男”已成为一种家庭时代潮流。

电影《超级奶爸》中由文·迪赛尔饰演的美国特种部队海豹特遣队员谢恩·马尔夫为保护五名幼童不受敌人侵犯，钢筋铁骨的他由超级特工化身为为五个幼童手持奶瓶、换尿片的全职奶爸，其英勇与细心体贴的光辉荧屏形象，已成为不少女人心中崇拜的偶像。在现代婚恋生活中，似谢恩这种刚柔相济的“家庭主男”越来越受到女性的欢迎与好感。随着时代的发展与进步，夫妻二人都应成为既能主外又能主内的多面手，毕竟，家庭需要夫妻二人共同经营与呵护。只要是为家庭付出，做名体贴入微的家庭主男又如何？他的阳刚之美会在灶台操动锅铲、挥汗如雨时，得到尽情施展，如今，会厨艺已成为当代新好男人的标准之一。男人们要想得到女人的心，得到幸福，可得掌握好厨艺哦！

没有完美的婚姻，只有适合的婚姻

世界上没有完全美满的婚姻，只因，“金无足赤，人无完人。”每个人都有这样或那样的缺点。每一对夫妻都会发生各种各样的矛盾、冲突与争斗。而这些矛盾都是由夫妻间的差异造成的，如两个人的成长背景、个性、需求、目的以及情感反应等的不同。

妻子渴望在婚姻生活中得到丈夫的保护、关怀和钟爱，因此，她要求和她同床共枕的丈夫是一个文雅、体贴、无所不能的人，他风度翩翩，事业有成又忠于爱情。丈夫也希望自己的妻子永远年轻漂亮、温柔、体贴、通情达理、无所不能，还要有自己的事业，并一心一意地爱着自己，听从于自己。事实上，如此理想的丈夫和妻子都是极少有的。

每个人的生活都一样，总会有不如意。有人说，再完美的婚姻都会有二百次想掐死对方和五十次离婚的念头。因此，我们没有必要羡慕他人的幸福，而应努力经营好自己的婚姻，创造幸福生活。

既然难有完美的人，我们也不必过于追求婚姻的完美。否则，你会生活在抱怨中，每天都得不到开心，更感受不到幸福。

曾见过这样一位女子，自婚后，她就过得不开心，只因，她发现丈夫的缺点太多了，她时时羡慕着女友的幸福生活，并给丈夫写好了离婚协议。可是，女友的婚姻真如她想象中的美满吗？下面就是那位女子的故事。

男人薪水比女人低，为激励男人上进，女人要求和男人AA制，各管各的薪水。男人吝啬小气，将自己薪水分文不花地存入银行，却偷拿女人的钱花，就连家里应平分的支出，也是能赖就赖。

不仅如此，男人连家务也懒得做，下班回家，就倒在沙发上看电视，而女人却要里里外外忙个不停。

对于这种男人，女人非常生气，从来不给他好脸色看。他也装作无所谓，仍看他的球赛，待女人的饭菜摆上桌子，端碗就吃，也不理会女人瞪着的眼、板着的脸。

女人为他的懒，他的不体贴、无责任感，吵过多次，可他依然不改，还腆着脸皮笑着说："你薪水比我高，工作比我清闲，多付出点算什么呢？同一个男人斤斤计较的女人不是好同志嘛！"

这话说得她跳楼的心都有了，一个大男人，怎能如此厚颜无耻？

在一个黄昏后，女人去了关系最好的女友家。女友有个恩爱体贴的好男人，每月薪水上交，回家还帮着做家务，简直对女友呵护备至。

当她喋喋不休地向女友倾诉自己的烦恼时，女友也为她不平，非常气愤地说："这种男人还留着他干什么？能杀肉吃啊？换我早就一脚踹了！"

她也很想离。无奈，儿子平时最黏她，她怎舍得抛下儿子呢？

看着女友那样的幸福生活模式，她越想越生气，回家忍不住又冲沙发上看球赛的男人大发脾气，男人也不理会，继续看球赛，看得津津有味地张嘴笑。她抢了他的遥控器，他就钻进书房玩电脑游戏，她真拿他没辙。

她想了好多天，决定同男人离了。她拟好一份离婚协议放在男人书桌上，趁男人加班还没回来之前，打算去外面散散心。

就在这时，她遇见了女友，女友独自一人，在大街上落寞地走。

她纳闷儿地走过去，几日不见，女友变得憔悴不堪。

见到她，女友不顾路人诧异的眼光，扑进她怀中痛哭。原来，女友发现男人竟然在外养着情人。他对她的好，全都是伪装的。

为女友抱不平时，她忽然间就明白了，世间没有绝对的好男人。她庆幸自己有个不善伪装的坏男人，会为了儿子，为了这个家，竭尽所能地打拼。

于是，她赶在男人加班没回家之前，悄然撕毁了那份离婚协议，并决定经营好自己的婚姻。

同样，女人也并不完美。男人别这山望着那山高，待你走过这个山头，才发现一切都不是你所看到或想到的样子，那时，想要回转还真是不易，没有人会傻傻地站在原地等你。那些婚内出轨的男人，有些不排除只是想找刺激，还有些却是想着出轨对象的优点，自己妻子的缺点。当他如愿以偿地与妻子离了婚，和出轨对象走到了一起时，才发现所有的女人不过如此，都会有着这样或那样的缺点。

过日子，是两个人的包容与迁就。生活中很多琐事引发的矛盾，忍一忍就会过去了。

小时候，邻居家住着一对中年夫妇。男人脾气火暴，动不动就会爆粗口骂人，而女人性格也不好，发脾气骂人、撒泼，和男人有得一拼。据说，他们年轻时几乎是天天吵，打闹不休。后来，年龄大了，夫妻感情却变得融洽了些。

我注意观察，他俩各自的性格都没有变，在平常的日子里，男人仍会骂人，女人仍会发脾气。只不过，他们善于忍耐，从不正面冲突。

当男人发脾气骂人时，女人就会忍着一声不吭，默默地做着家务活，就像压根儿没听到似的。男人骂了一会儿，气自然消了，吃着女人做的饭，又喝了一点小酒，抽着烟坐着休息去了。大抵是喝了一点小酒的缘故，心里一高兴，就放开收音机听起来。听到兴致起，竟随着收音机里的京剧大声唱和起来。

当男人做了错事时，女人也会骂人。女人骂人时，男人通常也不吭声，默默打扫着庭院，做着自己该做的事，貌似女人骂的是与自己毫不相关的一个人。女人骂完，便一个人回房休息。男人却在此时，推开房门，关切地问女人，她的感冒要不要现在去医院看看。女人还在生着气，瞪了他一眼，咳嗽着，不理他，男人则迅速去帮女人拿止咳糖浆。

这就是夫妻，相互包容与迁就着，女人即使挨骂，还在为家里默默付出，为另一半做着可口的饭菜；男人挨骂时，仍在关心自己女人的病情。

其实，光包容与迁就也不行，它会助长一个人的威风，此时，我们必须智慧对待，在必要时，杀杀威风，为自己赢得尊重。

一次到女人家找她女儿文静玩耍时，眼瞅着男人正在骂人，骂得很难听，无所不骂，而女人一直低着头在淘洗着大米，正准备做饭吃。当时我正和文静在房间玩耍，听到骂人，我十分尴尬，准备回家。文静拉着我的手说："别走，陪我玩嘛！我爸就这脾气，他骂一会儿就没事了。"

我为她妈抱不平说："你妈怎么不骂他啊？谁这么骂我，我绝对会和他拼命的。"

文静回答说："我妈也骂他的，不过，现在爸正在气头上，妈不敢惹他，待爸什么时候高兴、得瑟时，我妈准会还回来。那时，我爸准会吓得半个字也不敢说，还想着法子讨好我妈。"

文静说这些时一脸得意，我才知道，当我们面临婚姻的矛盾与不平等时，也有理由说"不"。但我们说"不"时，一定要注意方式与技巧，选个合适的场合说，注意说话的方式与语气，定能让不完美的婚姻逐步变得完美起来。

简单爱

“爱”是什么？相信很多恋爱中的男女，都未能领会到其深意，便匆匆地步入了婚姻。当代哲学家对爱充满智慧的定义是：“因为同她在一起，我现在非常喜欢我自己。”看来，爱是让人找到自信的感觉。

如果你以欣赏的眼光看对方，给对方多些赞美和关怀，你会发现贫穷的男孩变得有尊严、帅气，丑陋的女孩变得娇媚、可爱。于是，一切均美好无暇，彼此眼中的对方都十分优秀，两人恩爱无比。

即使你遇见非常优秀之人，如果没有欣赏和赞美，只有挑剔与不满，步入了婚姻，真正融入对方生活，成了吃喝拉撒早晚都要面对之人，才发现爱情欺骗了自己的眼睛。他不是她苦苦相盼的白马王子，她也不是他苦苦追寻的白雪公主。他仅是一个透着孩子气且有些庸俗的男人，她也仅是一个没长大，还有些任性与骄纵的女人。于是，争吵有了，摔盆打碗，鸡犬不宁之事也有了，生活几乎无幸福可言。

自信，是对方给予的，当爱人以一种仰慕与无比依恋的眼光看你，相信此时的你也是柔情满怀，自信满满。此时的男人便有了一种强大的自信心，女人则有了无限魅力，彼此都被幸福感充溢着。

当恋人之间彼此诋毁，相互打击，你在恋人身上的自信感也会消失殆尽，爱情也就走到了尽头。

爱也需要宽容。人非神，缺点难免会有。恋爱中的两个人，相互展示最美好的一面，隐匿了自己的缺点。彼此隔着朦胧的面纱，如雾里看花，欣赏到的只是美丽风光，却看不到花丛下阴霾、潮湿、长着草的一面。当爱情食人间烟火地尘埃落定了，才发现，生活并不是风花雪月，闲云野鹤，而是柴米油盐酱醋茶等一些俗不可耐的东西。于是，你便有了冷漠多于温馨、烦恼多于幸福、丑陋多于美丽的感伤。感伤日积月累，终会爆发成一种伤害。这种伤害在每段婚姻中都几乎无法避免。既然无法避免，为何不能将伤害降到最低，甚至，转化为幸福的体验？

唯有宽容，不计较，才是最好的转化方式。有妻子看到丈夫有乱扔袜子和鞋子的习惯，便受不了地大加指责或与之争吵。这些生活中的琐事，你可以找个机会和丈夫沟通，也可以帮他顺手捡一捡。如果下次还是这样，你将打扫整理房间的家务活交给他，让他懂得你的辛劳。有丈夫看到妻子将钱大把大把地花在购买奢侈品上，便心生不满地争吵。其实，这也没必要，你可以和她沟通，制定一个计划，将家庭经济交由她掌管，让她懂得超出能力的消费，会让自己的生活变得入不敷出，并学会有计划的购买。

夫妻幸福更要注重生活的小细节，几句暖心的问候，对方劳累后给他倒一杯水，做他喜欢吃的菜，陪他说说暖心的话等，做些能体现夫妻之爱的贴心小事就足够。只因，夫妻生活没有轰轰烈烈的大事，只关系到吃饭、睡觉罢了，夫妻之爱就藏于细小生活琐事中。如果夫妻双方能将生活小事处理好了，夫妻感情一定差不到哪儿去。

在这里，我要说说邻居一对大爷大妈的爱情故事，他们相濡以沫一辈子，从来没有争吵过，甚至，连彼此生气的时候都很少。几十年的风风雨雨，我想他们到底是怎样走过来的，又如何能在几十年的朝夕相伴中做到恩爱一辈子的。从他们的孙儿张华口中，我才了解到这对大爷大妈的一些爱情生活。

洞房花烛夜，张华爷爷第一次见到他奶奶，他们的爱情才真正开始。我很惊愕，没有感情基础的婚姻，也能做到相敬如宾，真是不易。

张华说，是的，那时的夫妻极少有恋爱的，都是媒妁之言，随后便定下婚期，入了洞房。好多女人，都是在入了洞房，才看清自己的丈夫长的啥模样。还好，爷爷长得一表人才。只不过，他们结婚的那年是个特别寒冷的冬天，家里没有像样的家具，连床都是几块木板拼凑起来的，铺上了柔软的稻草。外面积雪很深，凛冽的寒风从破损的墙洞里钻进来，在低矮狭小的茅草房里四处乱窜，简陋板床的两头，坐着一脸拘谨的爷爷和满面羞涩的奶奶，一盏昏黄的油灯散发着微弱的光。

爷爷冷得直跺脚，搓了搓手，大胆揭下奶奶头上的红盖头，对她说：“天太冷了，我帮你去烧盆热水烫脚，暖和身子。”爷爷帮奶奶烫完脚后，先钻进冷冰冰的被窝，对仍低头一脸羞涩的奶奶说：“我先将被子暖热，你再睡吧！”说完，爷爷先钻进了冷冰冰的被窝。

就这样，此后的岁月里，一到冬天，都是爷爷先将被子暖热，奶奶才上床睡觉。而奶奶每晚临睡前，也必定要先为爷爷备好一杯白开水放在床头，几十年如一日，从没有忘记过。

年纪大了以后奶奶患上了老年痴呆症，不仅脾气大，记性也差，常迷路。奇怪的是，甚至连亲人都不认识的奶奶每晚临睡前，却从不忘为爷爷倒一杯白开水放在床头。

病重的奶奶谁的话都不听，只听爷爷的话。为孝敬她老人家，张华将她从乡下父母家接到城里享福。张华夫妻俩外出时，为防止她迷路，只好将她锁在家里。这时，奶奶便会大喊大叫地乱发脾气，任谁也劝不住。无奈之下，张华只好从乡下接来腿脚不便的爷爷陪伴她。说来也奇怪，自爷爷来后，她奶奶再也不随便外出了。

一日，张华想为爷爷、奶奶几十年风雨人生的爱情拍张合影。可是奶奶看见他手里的相机就害怕，无论张华和妻子怎么劝说，她就是不肯拍照。爷爷拉着奶奶枯瘦的手，轻轻拍着说：“静芝，别怕，孙子给我们照相呢。”

静芝，是奶奶的名字。听了爷爷的话，奶奶果真如个懂事的孩子般安静下来。

张华讲述完，我不禁泪湿了眼眶，真正的爱情有时并不需要海誓山盟与海枯石烂的呢喃情语，它隐藏在生活的点滴琐事里，用一生去做好它，便能无怨无悔地相守一辈子。

相爱容易，相守难。用一颗心捂热另一颗心，需要日复一日的点滴温暖与关怀。爱情，就是如此简单，相爱的两个人，时时做到心中有他（她），两人才能做到齐心协力，心连着心。

前不久，网上疯传着一对夫妻吃西瓜的故事。天很热，男人下班回家后，在冰箱里拿到一块西瓜，竟然将它全吃了，也没记得给辛苦了大半天的女人留一点。女人很生气，和男人发生了争执，男人不满地说：“不就一块西瓜吗？多大个事？”后来，男人的父亲知道了这件事。他拿出很大一块西瓜递给男人吃，男人说：“太大了，吃不完。”男人父亲说：“你先吃，吃不完的给媳妇留着吧！”男人于是拿出勺子从西瓜正中间开始挖着吃，将吃不完的边角留给了妻子。随后，他父亲拿出另一半被媳妇吃过的西瓜对他儿子说：“你看看这两块西瓜有何不同？”儿子说不出。他父亲指着另一半西瓜对儿子说：“你看，这是你媳妇吃过的西瓜，她从边上开始吃，将中间部分留给了你，而你却是从中间开始吃的，谁不知道中间的瓜瓤要比边角甜？”那一刻，儿子惭愧地低下了头。

吃西瓜事虽小，却能折射出夫妻相处之道。只有时时想着对方，将对方置于重要位置的夫妻，才能和谐恩爱、相伴到老。可是又有多少夫妻懂得从一粥一饭的细节处打动对方呢？爱情虽简单，却需要多少人细思量。

健康是第一财富

爱默生曾说过："健康是人生第一财富。"当夫妻二人永结同心的那一天，他们的未来便永远捆绑在了一起。你的一切属于他，他的一切属于你。你的身体也就是他（她）的身体，关注他（她）身体的健康，就是关注你自己的健康与幸福。没有了健康，万事皆休。拥有健康的人，才拥有希望；拥有希望的人，才能拥有一切。我国教育家陶行知先生曾说："忽略健康的人，就是等于在与自己的生命开玩笑。"别把伴侣的健康不当回事，他（她）与家庭幸福生活息息相关。你平时并没有关注他（她）的身体，给予了疾病或意外以可乘之机。当失去了另一半时，家将不再是家，给父母、孩子与自己留下伤痛与永远的遗憾。

上世纪九十年代，为了供我上学，父亲承包了许多湖荒地，他和母亲日夜劳作，很是辛苦。

在我结婚的那年，母亲的身体已经出现了些状况，如不间断地拉肚子，每每拉得严重时，母亲就会到药店弄些止泄的药，吃后又同父亲开始了田间的劳作。可过不了两天，腹泻又开始，母亲便会如法炮制，吃几片药，腹泻得实在没精神去田间干活时，就到村卫生室输一瓶葡萄糖液体，或私自加大止泻药的剂量。这样好上两三天，随即，又开始腹泻。如此反反复复持续了一年多，直至母亲已经开始大量便血，父亲才警觉起来，陪她到医院检查，才得知母亲患上了肠道癌。母亲在临去世前几天，当着父亲的面，用无比虚弱的声音对我说："伢子，娘走后，你要多注意自己的身体，除了你自己，没人会在意你的身体。"母亲说完，怨恼地瞥了父亲一眼，我知道母亲这话有一半是说给父亲听的。父亲是个粗线条的人，除了默默干活，平时连自己都很少关心，更别说关心母亲的身体了。那一年，母亲走得并不甘心，去世时，她还很年轻，才年仅51岁，她还想着带外孙子，可没想到一场疾病要了她的命。

在母亲去世后的几年时间里，父亲一直都生活在痛悔中。他告诉我："要是早一点带你娘去看病就好了。"父亲很多次在梦境里遇见母亲，他总会告诉我说："我又梦见你娘了，你娘还同活着时一样，陪伴着我一起到田地里干活。你娘插秧好快，我怎么也追不上她。"说完，父亲总会一脸黯然地喃喃自语："要是你娘还在，我再也不会让她那么拼命干活了，我会让她好好待在家里，帮我照看着这个家就行了。"父亲的一番话，说得我竟是不由自主地流下了眼泪。母亲生病时，我和丈夫还在外地，那时通讯不如今天这样方便，打电话要跑好几里山路。父母亲接电话更是不便。全村只有村支书家里有一部电话，我们想和父母通话，必须先打电话到村支书家，再由村支书或者他爱人骑着单车去叫父母在约定的时间里，等候在他家里。逢村支书两口子外出或者他们干活劳累了不愿意喊，我们也就无法给父母打电话。写信吧，可父母大字不识一个，写后还得请人给他们读信，更是麻烦。故我们平时联系父母较少，对母亲的病情，更是一无所知。偶尔打电话，母亲怕我们担心，也一直隐瞒着自己的病。直至，母亲的病非常严重了，父亲才打来电话催我们回家。

待母亲走后，父亲的痛悔已经晚了。没人陪着他干活，没人给他准备好热气腾腾的饭菜，回到冷冰冰的家里，就连陪他说话的人也没有。我和丈夫离得远，想接他过去住，他怎么也不愿意去，他说，他要守着我娘，我娘就在房后那片墓地里。如今，都有 18 个年头了呢。我想，父亲在孤独清冷的岁月里，守着的更是一片思念与悔意。

写到这里的时候，除了有对母亲的思念，更有对父亲无视母亲身体健康的懊恼。可我不敢责备父亲，毕竟他已经活在痛悔中了，他连自己都不懂得如何照顾与关心，这已成为我和丈夫的一块心病。

其实，我最想对父亲说的是，请在来得及的时候，给她一点关心和爱护，莫待来不及了，才来诉说着你的悔恨。

不关心爱人身体的男人或女人，总会给人一种冷漠无情之感。能让伴侣彻底寒心，影响到夫妻感情。

堂兄和妻子因琐事争吵了，一怒之下，堂兄扇了他妻子一耳光。他妻子哭着跑回了娘家，从娘家搬来两位哥哥，非得揍堂兄不可。堂兄赔礼道歉不说，还写下保证，称以后绝不会再向妻子动手了，并答应以后同妻子好好过日子。

两位哥哥回家后，堂兄想到没少受过自己经济资助的两位娘舅哥，竟然敢威胁自己，他心里越想越生气。他既奈何不了两位娘舅哥，又不能拿妻子怎么样，便只能天天在家生闷气，一连好多天都懒得理会妻子。

有一天，堂兄骑着摩托车出去邀约几位朋友玩时，不幸摔折了腿。得到他朋友打来的电话，妻子第一时间便赶往医院，她日夜守候在病床前细心照料着堂兄，整整两个月，没睡过一个好觉，本就瘦弱的她变得更瘦了，堂兄既心疼又感动。更令堂兄感动的是，在医院里的这两个月里，两位娘舅哥扔下地里的农活频频来看望，还带来土鸡和鸽子等营养品，叮嘱妹妹要照顾好丈夫，以便让身体迅速康复。闻听此言，躺在病床上的堂兄很是感动，对两位娘舅哥的恨意全无，对妻子更是爱意有加。只因为，在他生病时，给予他细心照顾、关心着他身体健康的人，才是自己最亲近的人。

没有什么比健康的身体更重要，夫妻相处，绝不能碰触这条底线，否则将是恩尽情义绝。

也曾见过一对夫妻，夫妻因琐事争吵后，丈夫在妻子生病期间，不闻不问。妻子在病愈后，第一时间所做的事便是与丈夫离婚。

这位妻子就是我的一位堂妹，无论她父母和我们怎么劝说，她就只有一个念头，离。

我也曾私下里劝阻她说："做事别冲动，毕竟有了孩子，夫妻间谁能没个争吵呢？别一赌气就离啥的，离了你孩子怎么办？"

堂妹噙着眼泪告诉我："当初我嫁给他，是指望着他能照顾我一辈子的，可如今，我生病，他却能做到连看都不看我一眼，可见他的心是如何狠毒。平常他不关心我，我能忍了，可这次，我病了整整一个星期呀！躺在病床上，给他打了几遍电话不接，委托人打电话给他，他不理，不是我妈和邻病床的家属照顾我，我能活下来吗？"堂妹说完，哭得很伤心。

问到堂妹夫时，他却告诉我："她的病又不是什么重病，何况还有她妈在照顾着，需要那么多人照顾吗？再说那几天我公司里有事正忙着，走不开呢！"

当我将堂妹夫的话转告给堂妹，希望能挽回他们的婚姻时，可堂妹无论如何也不能原谅他。在她的坚持下，昔日一对爱得死去活来的有情人终是分道扬镳，孩子的抚养权归堂妹夫，堂妹每周都去探视。

如今，堂妹又组建了新家庭。一日，我私下里问堂妹，相较新夫婿与原来的丈夫，哪个更好呢？

堂妹告诉我，她不后悔，如今的丈夫虽不如前夫有钱，可细心体贴着呢！但凡她有丁点儿感冒，丈夫总会比她还要紧张，非得拉着她去就医不可。堂妹说这些时，一脸幸福。而怀中，是她和现任丈夫爱的结晶，一个胖胖圆圆脸的小女孩。

是否关心你的身体，是验证一个人爱与不爱的最佳途径。他（她）对你冷漠视如路人，这样的婚姻不要也好。毕竟，路人也做不到对一个需要帮助的人冷眼相待。

夫妻双方的身体，是幸福生活的保证，没有健康的身体，就没有一切。夫妻需切记！关爱伴侣的身体，就等于珍爱自己。

第四辑

陪伴是最长情的告白

点滴小爱，汇成涓涓爱的河流。婚姻生活无大事，一粥一饭，一举手一投足而已。柴米油盐酱醋茶，事虽小，做好它，你便会享受到如春般的温暖情怀。

你是我藏在心里的秘密

爱情是人与人之间强烈的依恋、亲近与向往，还有无私专一的情感。它代表着情感的付出、甜美的时光与美好的希冀，还有强烈的责任感。它是值得收藏的，无论这段爱已经逝去，抑或正在爱着。收藏一段爱恋，便收藏了一份最隐秘的心事，它是黑暗中最美丽的花，只因，它曾经绽放过，留下了美好的记忆。

哲学家金岳霖为了林徽因终生未娶，在林徽因死后很久的某一天，金岳霖大宴宾客。众人皆不解他为何要宴请，席间，他告诉所有人：今天是林徽因的生日。金岳霖的爱令人动容，在梁思成与林徽因之间，当得到意味着伤害时，他选择了退出，并将爱小心收藏起来。这一收藏就是几十年，可见这份爱的珍贵价值。也许收藏的这份爱里，不一定包含爱情的成分，但它至少包含着一份对昔日往事的感恩与美好追忆。不是爱过，转身就忘却到冷漠，也不是爱不成而生恨。当我们不爱了时，可以静静地，淡淡地守望着他（她）的幸福，给予他（她）默默地祝福，用一生去缅怀昔日的付出与美好，让人心变得更暖，这不比纠缠、惆怅、冷漠、恨着的爱更宽容豁达？更显情意深重？

有一女子同男友恋爱时，无意间在男友家里，发现多张男友前女友的照片。担心女子心里会不高兴，男友拿出火机，欲将照片烧毁。女子制止了他，并将照片小心收藏起来，还细心地给它们一一用透明胶两面过塑。这样，照片就永远不会因年代久远而褪色。男友惊愕地问女子此举有何意义，毕竟，他和前女友已经不爱了，留着照片还有什么用？女子淡淡地说：“你和她又不是仇人，何况，你和她曾经那样相爱过，她也为你付出了很多，怎能转身就忘了曾经的好呢？”女子的一番话，说得男友心里惭愧无比。虽然是前女友先弃他而去，毕竟，两个人性格迥异，在一起真是不合适，离开各择所爱，倒是一种明智之举。他怎能因爱不成，而对她生恨呢？恋人做不成，至少还可以成为朋友嘛。他敬慕女子的宽容大度与通情达理，从那以后，他更爱女子了。

有一对年轻伴侣租住在房东家里，房东有位女儿也非常喜欢女孩的男友，总会时不时送点好吃的过来给男友，或过来陪男友说说话，女孩常常为此吃醋生气。

有一次，房东女儿为他俩送过来两块新上市的西瓜，男友说着感谢的话，女孩却冷着脸一声没吭。待房东女儿走后，见男友津津有味地吃着西瓜，女孩却是非常生气地将另一块西瓜扔到垃圾桶。那天，男友同女孩大吵了一架，并提出分手。他的理由是女孩心胸狭隘、自私，不懂感恩。他说，他一直把房东女儿当作小妹妹看待，并不爱她，又不忍伤害她。只因，房东女儿非常善良，明知自己不爱她，还给他们提供了很多帮助。可没想到，女友不仅不感恩，还狭隘自私地伤害别人的善举。

听了男友的陈述，女孩也非常后悔。她向男友赔礼道歉，男友原谅了她。在随后的一天黄昏，两个人接房东女儿一起共进晚餐，在餐后，男友当着房东女儿的面，给女友戴上了一枚结婚戒指，并邀请她给自己当证婚人。从此，房东女儿再也没来找过男孩了。

无论爱与不爱，我们都没有理由伤害他人的爱。毕竟，爱是一种付出与美好，我们最好的处理方式不是粗暴地拒绝，而是找个合适的机会表达，再小心收藏起来。毕竟，世间曾有那样一个人，真心为你无偿付出过，即使没有取得应有的回报，你也不必忘却这段情谊，它是世间最美的真情之花。

还有一种珍藏，它珍藏的是几十年的风风雨雨，还有一辈子的相濡以沫。这份情感，即便时光不在，它仍然以其独特的魅力，流传在后辈们心中，给后辈们做出榜样。

我的爷爷一辈子最大的嗜好便是抽烟。奶奶曾为爷爷嗜好抽烟的事，吵过很多次。那时，常见到爷爷搬把木椅，坐在家门口的高大槐树下，叼着烟斗吞云吐雾，奶奶却在一旁生闷气。

爷爷的烟斗是太爷爷留下的，因使用年久，银质的烟头，发出耀眼的光泽，木质的烟杆，也被光阴的年轮磨成了暗红色。

爷爷的烟瘾很大，一天能抽好几支烟。但他从不买烟，爷爷的烟都是自制的。他不顾奶奶反对在家门前的院落里种了一大片烟叶。

闲来无事时，爷爷便到烟叶地里锄草，锄得累了时，便放下锄头，坐在旁边的石墩上，从口袋里掏出烟斗与一支自制的烟，划火柴点燃后，“吧唧吧唧”地吸。一边吸，一边欣慰地看着这片长势茂盛的烟叶地，烟雾一圈儿一圈儿散开去，直至看不到踪影，爷爷的目光才从烟叶地里收回来，瞅一眼正在里屋忙碌着的奶奶。

爷爷非常爱惜他的烟斗，一支烟抽完时，爷爷将空烟头在石墩上轻磕几下，直至里面没有丁点儿残留物，爷爷才从口袋里摸索出一条洗得发白的手绢，里里外外细心擦拭干净后，再用手绢包了，塞进上衣口袋。

奶奶极反对爷爷抽烟，她说，太爷爷便是因为抽烟太多患上肺病而离世的。奶奶认为，爷爷爱抽烟的罪魁祸首，便是这支烟斗。

奶奶曾偷藏过这支烟斗许多次，可不管藏到哪里，总能被爷爷找到。爷爷去世后，奶奶并没有丢弃这支烟斗，而是将它擦拭干净后，用一方手帕小心翼翼地包裹起来，放在一个上锁的抽屉里。每在思念爷爷时，奶奶总会将它拿出来端详半天。而她与爷爷的爱情故事，我们就是从这支烟斗上得知的。据说，当年的奶奶随父母逃难到这里，父母在路上不幸染病去世，5 岁的奶奶也饿得奄奄一息。

爷爷将她背回家，家里穷，实在找不出什么好吃的。无奈之下，爷爷只好偷拿了太爷爷的这支烟斗，去集市上换了一个馒头给奶奶吃。奶奶吃后，立即有了力气。待家境稍好后，爷爷又拿了几倍的钱，去将太爷爷的烟斗赎了回来。奶奶常说，自己这条命就是爷爷给的。烟斗虽救了她一命，可奶奶不忍心爷爷的身体毁在烟斗上，故常因此和爷爷争吵。爷爷去世后，奶奶珍藏这支烟斗，就是珍藏一段永不会逝去的爱情，还有对爷爷的感恩与思念。

奶奶去世后，这支烟斗便由父亲收藏了起来。于是爷爷奶奶的爱情故事，便由这支烟斗在子孙后代中一直流传下去。它是一份感恩，还有深情，留存在漫漫时光里，永不会被人忘记。

婚后十多年，一直为生活忙忙碌碌，两个人的日子也平淡得了无生气，令人忍不住总想发泄一通或逃避这死水般的生活。

一日，趁老公有事外出的机会，我大肆清理他那间乱七八糟的书房。忽然，在书橱顶端发现一只加了密码锁的箱子。

箱子很沉，足有十来斤重。我小心翼翼地踩着凳子，费了很大力，才从上面搬下来。里面是什么呢？强烈的好奇心，让我很想破解这箱子的密码。

我连输入了几次，都因密码错误而未能打开。当我将老公的生日输入时，没想到，竟奇迹般地开了。

迫不及待地打开箱盖，竟是厚厚的一大箱书信。信封有些发黄，字迹也有点模糊，显得年代久远。细看发信人地址，竟是我从前所工作过的城市单位名称。娟秀的笔迹是那样熟悉，我才想起来，这是十多年前，我写给老公的信。

从开着的信封内，抽出信展开。皱褶的纸张，可以看出，每封信都曾被认真读过多遍。对某些重要的地方，还加画了横线，以示需要提醒或引起重视。为防蛀虫，箱底还压放了好几粒白色樟脑丸。

箱内所有的信，全都是我写的。那个年代，还没有手机，连固定电话都很少，我们只能以书信联系。一封接着一封地写，又一封接着一封地收。相恋的三年里，也不知写了多少封信。有的，仅三言两语，而有的，洋洋洒洒好几千字。字里行间，有思念，有鼓励，也有对未来生活的美好向往与追求。

此时，再读这些信，仿佛回到了从前，彼此深爱的青春激情岁月，甜甜的幸福感便溢满全身。

而他寄给我的那些信，早已随女子的羞涩，被我悄悄撕毁或扔弃，不留丁点痕迹。正如这份久远的爱情，随时间的流逝而在我脑中消逝得没了踪影，徒留生活的琐碎与烦乱。而久远的爱，在老公心中依然存留，并且还被他当作宝贝一样，珍藏在隐秘处。

老公的珍藏令我心中感动不已，一直以为两个人的日子已被琐碎的生活磨砺得没了激情与色彩，却没曾想，这份火热与激情一直都在，它在一个无人知晓的角落。

珍藏爱，便是珍藏一份记忆与美好，这份爱无论在与不在，都值得我们缅怀与追忆，毕竟它记录着一段时光。

陪伴是最长情的告白

世间最让夫妻感动的一句话是："无论你怎么样，我都会在你身边。"无论疾病与贫穷，快乐与痛苦，都有一颗温暖相伴的心，相濡以沫，不离不弃，这是多么令人感动的力量。席慕蓉也说过，前世修了五百年，才结下一段缘。好好珍惜身边陪伴你的人，常带给他（她）感动！

可许多夫妻总是忙于工作或孩子，无暇陪伴另一半。有些夫妻，情愿将时间花在一些毫无意义的聚会上，或与同伴一起胡吃海喝、吹牛聊天、牌桌大战、电脑游戏，也不会将时间拿来多陪伴另一半。

有句令人感动的爱情哲理写道："真爱不会分离，那所谓的分离便是那一转身的关门。门里自己，门外爱情。这一转身，就是一生一世、一辈子。"也不知写这段话的作者是谁，很平淡的一段话，道尽了爱情的保鲜法则，那就是陪伴在身边，永不分离。

多些陪伴，不一定要日日伴在身边。只要心有爱，内心便不会寂寞。哪怕相爱的人相隔万水千山，因为心连着心，也会感受到巨大的热情与心灵的慰藉。

多年前，母亲因病去世，而我作为女儿又不常在父亲身边。见父亲一人非常孤单寂寞，有好心的邻居就给父亲介绍了一门婚事。女方离父亲家较远，其夫也在早年病逝，自己带着两个儿子相依为命。为了方便照顾女方两个儿子，父亲做了倒插门女婿。夫妻俩风雨同舟，恩爱无比。女人虽比母亲小很多，但对我们很好，我亲昵地叫她为幺妈，我们每年都会去看望她和父亲几次。后来，幺妈的两个儿子相继长大，均去了外地工作，又均在外地娶了妻、买了房。幺妈也被两个儿子接过去，帮他们哥俩轮番带孩子。父亲不习惯住城里，再加上还要侍弄着几亩责任地，便守着家，没能过去。

幺妈这一去就是五年的时光，在那边带孙子，给他们做饭，只在每年春节才有时间回来。平时，就只有父亲一人在家。我非常关切地问父亲："您一人不孤单吗？"父亲一脸笑容地说："孤单什么呢？你幺妈都经常打电话回家，再说，我在家也有这么多事情可做，忙着呢！你幺妈说，再过两年，两个孙子都上小学了，她就可以回家了。"原本以为父亲寂寞的我，得知父亲正幸福着，不再说什么了。

去年七月，幺妈因被诊断出肝癌而回了家，在短暂的三个月内就去世了。至今，父亲都难从悲痛中走出来。有人劝慰老父亲说："老彭，难过什么呢？你就当她去深圳照顾两个孙儿了，反正你和她好几年也没在一起，不也那样孤单地生活着？"

父亲难过地说："那可不一样。以前还有希望，不叫孤单，可现在生活都没了盼头，怎能不孤单呢？"

父亲一番话说得我心里也是难过无比，父亲和幺妈虽多年没有在一起，可他们的心是紧紧相伴在一起的，因此，幺妈到深圳带孙子的那几年，父亲是感受不到孤单与寂寞的。可如今，幺妈的逝去，让两颗心从此阴阳两隔，父亲怎能不感受到孤单的滋味呢？由于幺妈的两个儿子都定居在了外地，故只有我多抽空去陪伴老父亲，才能对得起他的养育之恩。

父亲和幺妈的故事告诉我们，虽然不能时时陪伴在一起，只要两颗心紧紧相连着，也不会感觉到寂寞。只有心不在一起时，才会有寂寞的感觉。

夫妻相伴，能让生活充满温馨与浪漫。有人说："夫妻间的陪伴就是最长情的告白。"当夫妻俩坐在一起共进晚餐时，那份温馨让夫妻双方都充满着幸福感与满足感；夫妻俩相互依偎着看一部电影或电视剧，这一定是世间最甜美的时光；夫妻俩相携着外出旅行，游览各地名胜风景时，这一定是世间最浪漫的事。有首歌唱道："我能想到最浪漫的事，就是和你一起慢慢变老。"当夫妻俩相伴在一起，相互关怀与帮助，胜于说上一万句的"我爱你"。

因为爱，才喜欢和他（她）在一起，相伴着他（她）；如果不爱，便会冷漠示人，或拒人于千里。

很多婚后的女性考验丈夫是否仍然爱着自己与这个家的方式是，看丈夫下班后，是否准时回家。倘若男人下班后，宁愿与朋友喝酒、聊天、打麻将，也不愿回家，要么是男人没有责任感，要么是夫妻间的感情出现了问题。“执子之手，与子偕老”是无数人的爱情理想，但无数的爱情都终结于路上，只缘于伴侣之间走着走着，心就受到各种诱惑，而被迫分开了。心相离，自然爱也就没了。

有爱相伴，风雨和苦难也壮丽。夫妻相爱，同患难，共甘苦，一起走过风风雨雨，终于迎来明媚的阳光，不能不说是夫妻相伴的力量。

老王在结婚前，是全村有名的困难户。家里兄弟多，父母年迈，身体又不好，常年患病吃药，四里八乡没有哪个女孩愿意嫁给他，眼看近四十岁的人了，仍没娶上媳妇，父母好不着急。

二十多年前的一天，老王给人帮工，深夜回家，忽然听得一女子的呼救声。他急忙朝着声音冲过去，朦胧的月色下，只见三个小流氓正在对一女子施暴。他不顾自身安危，冲上前去，救下了女子，才得知女子是在这走亲戚的。因女子结婚两年，在夫家没有生下一男半女，被夫家撵了出来，不敢回娘家，便投奔这位亲戚。没料，亲戚去了城里儿女家，女子没处落脚，在外流浪时，不想遇到了这几位小流氓。老王得知女子的遭遇，便将女子带回了自己家中。此后，女子就做了老王的媳妇，夫妻俩很是恩爱。

为了改变贫穷的家境，女子花钱到废品收购门市部买了一辆旧自行车，每天用车驮着两筐鱼走村串户地卖。而这些鱼是女子到渔场收购的，男人则负责在家里卖鱼，将女子偶尔卖不完的鱼做成咸鱼干再出售。几年下来，夫妻俩很快就还清了家里全部债务，甚至，还盖起了全村唯一一幢四层的小洋楼。他们抱养了一个女儿，如今女儿招婿在家，小两口办起了鱼罐头加工厂。他们夫妻俩不再卖鱼，只需帮女儿照看好孩子就行了。女儿女婿都非常孝顺，在不忙的季节，便会开车带着老夫妻俩到全国各地游玩。可谓，夫妻俩已是苦尽甘来，过上了幸福的生活。倘若当初没有夫妻俩相依相伴的同心协力与吃苦耐劳的精神，岂能有今天的幸福？一个人的力量很小，可夫妻相伴在一起携手同心的力量便强大了。有爱相伴，再大的困难也不怕，只因，走过风雨，便是阳光。

俗语云："少年夫妻老来伴。"对于身边这位风雨同舟，与你不离不弃的丈夫（或妻子），请多些温情的陪伴，只因，一辈子的时间不会很长。

你的相伴必换来心心相印的感恩，还有至死不渝的追随。他（她）是你温暖的港湾，能给你前行的动力，在受到伤害时，又能让你得到慰藉，还能帮你战胜一切困难。错过陪伴，将错过一辈子的幸福。

嫁个“卷帘门男人”

“卷帘门”一词来源于韩国，即老婆在外经营店铺，挑起生活的重担，丈夫就在店里搭把手。这位丈夫，就被称为“卷帘门男人”。

“卷帘门男人”产生于女性自身教育和自身素质都得到提高的今天，女性有能力在社会各领域大显身手，相较男人，更胜于担当起养家糊口的责任。

这类男人脾气温和、随从，没有远大理想与抱负，他们只希望过上幸福安康的生活。他们有时间陪着孩子打球，陪老婆逛街、度假，有时间设计房屋装修，设计园林，做个成功女人背后的默默支持者。他们有着体贴、周到与细腻的情怀，会哄老婆开心，会洗衣、收拾房子，还会做拿手饭菜。他们处处以家庭为核心，事事绕着老婆与孩子转，唯恐惹他们生气，失了一团和气，并甘于后方，默默支持女人的事业。这便是典型的“女主外，男主内”的婚姻生活模式。

堂妹新婚不到一年，便向我诉苦。原来，堂妹夫下了班回家哪儿也不去，要么陪着她说话，要么看书，做家务，从不外出。

我笑着说：“男人如此恋家爱你，你应该知足啊！”

堂妹一脸苦笑，我不希望他整天陪在我身边，成天婆婆妈妈地同这些家务小事打交道，他在工作上一点上进心也没有，都工作好几个年头了，至今仍是小员工，也不和公司那帮头儿打成一片，否则，早就升迁了。男儿志应在外，而不是家里！

听了堂妹的诉说，我笑了，真是身在福中不知福啊！

没过多久，再次见到堂妹时，却是在她的美发店里。堂妹凭借一手过硬的发型设计与理发技术，在闹市区租了一间门面房，干起了专给人吹、整、烫、剪发的活儿，而且，生意还出奇的好。在堂妹的怂恿下，堂妹夫辞了工作，在美发店里给堂妹帮忙，打下手。

堂妹忙时，堂妹夫就专干些给人洗发、跑堂、收钱、找零等简单活儿。活儿忙完，便在一旁盯着堂妹忙碌，间或递上一条毛巾，给堂妹擦把汗，或陪着堂妹与顾客聊天。有时，堂妹还会吩咐他干这干那，倘若，稍迟了几秒钟，或没能让堂妹满意，定会遭到堂妹的白眼与责备。堂妹夫也不气不恼，还歉意地向堂妹讨好着笑。

家里家外都由堂妹做主，无论堂妹说什么，堂妹夫都很少争辩，并按堂妹的要求，努力去完成。

至于生活，堂妹夫对堂妹也是照顾得无微不至。得知堂妹感冒了，有点小咳嗽，他除了为堂妹买来感冒药，还寻来小偏方，用冰糖煲梨子水喝后止咳。他说，食疗比药疗更健康又效果好呢！

见堂妹如此幸福，我和丈夫都为她高兴。而她却不以为然地说：“男人都不照顾好自己女人，不顺着依着女人，还能称为男人吗？”

堂妹一番话，说得常以大男人自居、并为丁点小事和我争吵的丈夫惭愧地低下了头。而对于堂妹，我只有羡慕的份。

“卷帘门男人”谦逊，没有大男人的架子。他把妻子当女王宠着，甘心拜倒在“女王”的石榴裙下，按照“女王”的吩咐把一切事情做好。

“卷帘门男人”除了在工作上不太上进，其实能力是超强的。他细心周到，能做好奶爸的工作，他精心给孩子换尿布、喂奶，还能一手抱着孩子，一手拎着沉重的菜篮，轻松过马路；拎着大包小包，抱着娃，轻轻巧巧地逛超市。奶爸给孩子的玩具都很少买，他微微一动手，便能将废弃的牙膏盒、易拉罐、纸板等做成孩子喜欢的各种玩具，既节约又环保。他很少宠溺与打骂孩子，和孩子一起玩时，他是孩子的大朋友，那般友好、可爱，很少能有父亲的威严。孩子更愿意亲近他、喜欢他，他不喜欢用太多的规矩约束孩子，能让孩子无忧无虑、健康快乐地成长，他就高兴。

他能做好厨娘的角色。他爱钻研菜谱，会将菜做得色香味俱全，既能满足自己的味蕾，又能讨好女人。

他幽默风趣，胸怀宽阔，能将家庭矛盾瞬间化解。闺蜜的丈夫就是位“卷帘门男人”，闺蜜一人经营着一家化妆品店，平时生意还不错。她丈夫原本在一家国企上班，薪水很低，再加上家里老人孩子需要人照顾，闺蜜便劝说丈夫辞了工作，一心一意做起了“家庭主男”。闺蜜的化妆品店离家并不远，走路七八分钟就到了。此后的每天，丈夫除了接送孩子上幼儿园，照顾家里的老人，还负责做饭，来回四趟，给妻子送午饭与晚饭。只因，化妆品店除了晚上九点打烊的时间可关门，其余时间都要守在这里招徕顾客，哪有时间回家吃饭?

一日，闺蜜和一位顾客发生了争执，又被顾客点着鼻子骂了，心情很不好。晚上回到家时，既累又困的她脱掉鞋躺在沙发上，半天没说话。不明就里的丈夫如往常一样端上来一碗养颜汤，关切地说:“先喝点汤吧！不冷不热，刚刚好！”妻子没理会他的殷勤。丈夫发现妻子有些不对劲时，忙问道:“怎么？哪儿不舒服了？”见丈夫询问，闺蜜在白天憋着的怨气大发，生气地冲着丈夫大嚷道:“都怪你，怪你没本事挣钱，否则，我也不会卖化妆品，受人家窝囊气了。”

得知事情原委，丈夫并没生气，而是笑意吟吟地说:“我以为多大个事呢。告诉我是谁，待会儿我去帮你骂回来，要不你准备一卷透明胶也行，咱俩一块儿去把那女人的嘴粘上，看她还能骂人不？”一番话说得闺蜜展颜苦笑。

见妻子情绪好多了，丈夫立即哄着她说:“快把这碗汤喝了，这是我特意为你煲的养颜汤，越喝越漂亮！”

妻子感激地接过汤碗，开始喝，丈夫接着说：“还怪我没本事，我要有本事，能有这么好福气娶个好老婆吗？”一番话，说得妻子笑容绽放，怨气全无。一个女人被丈夫皇后般地宠着，那种感觉不知有多美好。

“卷帘门男人”情思细腻，更能懂得讨好妻子。还是要谈到上面那位闺蜜，她丈夫不仅饭菜做得好吃，甚至在发型设计上也有研究。每天早晨，他会给妻子设计并细心梳理一款适合妻子的发型，甚至，每天变换着发型，看着妻子漂漂亮亮地去上班，他内心便特别有成就感。每去闺蜜化妆品店，看着她别具一格而特别好看的发型，又得知是她丈夫帮忙梳理时，那份惊讶与羡慕，只能感叹自己命运不济了，当初没能嫁个“卷帘门男人”。

“卷帘门男人”脾气温顺，心胸宽阔，很少会与女人一般见识。他们生着气时，最多几天不理会女人，而绝不会同女人分寸不让地大动干戈，他们懂得谦让弱小，很少与女人计较。他们疼爱女人，如同怜惜自己，他们更懂得女人在外打拼的辛苦与不易，便任劳任怨地做好后勤工作，以助女人能全心打拼。

“卷帘门男人”低调、智慧。在女人遇到困难时，他会帮女人出谋划策，甚至会出手帮女人处理难题，却从不与女人争论谁的功劳大，而是默默地退到后方，欣赏着女人头顶成功的光环，心生喜欢。他们从不认为女人抢占了本该属于自己的名利、地位与风光，他们认为女人成功，就是他们的成功，女人幸福，就是他们的幸福。

“卷帘门男人”虽然挣钱不多，但也成为今天好男人的标准之一。倘若你工作能力出众，能挣得养家糊口的钱，又不甘心待在家里，做一名家庭主妇，那么，嫁一位“卷帘门男人”是不错的选择，他会照顾好你一辈子。

路途遥远，我们一起走吧

每段婚姻都要经受暗夜的考验，在暗夜中，有人能紧随着爱人的脚步，抓牢爱人的心，不让爱人在黑暗中迷失方向或受到伤害。

他们争吵了，吵得很厉害，一怒之下，他摔门而出，发誓不再回家。她才意识到自己实在做得过分。

今晚，轮到她加夜班。以往加班，他会早早地守候在单位门口。可今晚，她将独自一人回家。途中，要经过一段无人居住的小胡同，那条巷子，强奸、抢劫之类的事时有发生。想到这些，她有些紧张与不安。

巷子很黑，也很安静，静得只听见自己怦怦的心跳。

有细碎的脚步从身后传来时，她忍不住回头。那一刻，她的心提到了嗓子眼。一个高大的身影不紧不慢地跟在她后面。她走，他也走，她停，他也停，且始终与她保持着不远不近的距离。

她侥幸地想，会不会是他？很快，她否定了自己。临加班前，八岁的儿子曾给他打过电话，他说，自己去了海南，回家至少得一周左右呢！

一定是歹徒，想到这儿，她加快了脚步。她加快脚步时，后面的黑影也加快了脚步，并向她追了过来。不好，歹徒要追上了，她不顾一切地往前跑。

到家时，她迅速关上门，心还在咚咚乱跳。

她刚走到儿子的卧室，便听到钥匙插进锁孔的声音，她惊讶地看见他推门而入。

开门的声音，惊醒了床上熟睡的儿子。儿子睁开朦胧的眼问他："爸，你不是去了外地吗？这么快就回了？"

他向儿子眨巴着眼睛说："我特意回家抓贼的。"

"贼呢？你抓到了吗？"

他一本正经地说："没抓到，那贼跑得飞快！我追啊追，追到家门口就不见了！"说完，他朝她诡异地笑。瞬间，她明白了，跟在身后的那个"歹徒"就是他。原来，担心她害怕，他一直不曾离开过她。

爱情就是这样，无论怎样都不会抛下另一半，让她去独自面对孤独、黑暗与凶险。

有一对新婚夫妻因一点小事争吵了，并且吵得很厉害。男人觉得这女人太不可理喻了，不就下班后与朋友喝酒迟回家半小时嘛，至于发这么大脾气吗？男人越想越生气，收拾行李，准备搬到公司宿舍去住。收着行李时，忽然想到这几天是女人经期，情绪过激也情有可原，心忽然软了下来，气消了大半。见男人要走，女人也很后悔，可强烈的自尊心，令她又不好意思去挽留男人。她就那样看着男人收拾，也不知说什么好。见男人将行李全部收拾好，推着箱子，站在门口，迟迟不离开。女人很是纳闷儿地问:“你咋还不走？”

男人笑吟吟地回答:“能允许我带上你吗？因为，你也是我的。”

那一刻，女人一颗坚硬的心全部融化了。她扑进男人怀中，嘤嘤啜泣起来。这啜泣里，有自责，也有不舍。

即使要离家出走，也不忘带上对方，不离不弃，这是世间最宽容、最大度的爱。男人的幽默轻松化解了家庭矛盾。只因，夫妻俩谁也离不开谁，彼此属于对方，要走一起走，要留一起留。这是多么智慧的男人！

封建社会时，夫妻恩爱讲求“夫唱妇随”。“唱”是“倡”的通假字，有倡导、发起的意思。意思是说，没有原则性的分歧，丈夫倡导的，妻子一定要拥护，也就是心要相随。而在男女平等的今天，即使不能做到“夫唱妇随”，也要做到“妇唱夫随”，即使是妻子倡导的，丈夫也要紧紧相随。只要两个人的心紧密联合在一起，时刻相伴着，才能有一个完美和谐的婚姻。但凡夫妻背道而驰者，心不往一块儿者，他们的婚姻状况一定是非常糟糕的，夫妻俩难得到幸福。这类同床异梦的婚姻，其结局大多是以离婚散场。

曾记得多年前，我和丈夫分隔两地上班，两地相差较远。有一次，需赶交一份材料，我在公司加班到深夜十一点。下班时，外面漆黑一片，而我的住地离公司却有两里地。那是郊区，深夜连出租车也很少有。心里正恐慌时，忽然接到丈夫的电话。听说我要加班，估计我这会儿下班回家会害怕，所以，特地在这时打过来。就那样，我一路和丈夫小声地通着电话，一路走回住地，内心也不觉得孤单与害怕。我知道，电话另一端有丈夫在相随，我并不是孤单一个人。

小镇有一对夫妻，可谓是“夫唱妇随”恩爱的典型。妻子跟随着丈夫辗转好几个城市打过工，吃过不少苦头。后来，又随丈夫在小镇开起了摩托车维修门市部。夫妻俩租住在近三十平方米的小店，那狭小的空间除要摆放生活用品，还要摆放摩托车零配件，而他们吃住都在上面用木板搭就的小小阁楼里。平时走路，家里难找到插脚的地方，上厕所、洗澡需到对面 50 米外的公厕。

妻子平时除了做饭、洗衣，其余时间都在给丈夫帮忙。有时是帮忙递递工具，同顾客打交道，收钱找零，时间久了，一些摩托车的故障也能了如指掌。所以每次都是妻子同顾客交流、洽谈维修事宜，丈夫埋头干活。尽管当时的条件那么艰苦，可夫妻俩没有相互抱怨，而是同心协力，配合默契，很快，在短暂的几年内，他们就在小镇买了间两楼两底的门面房搬了进去。

由于夫妻俩肯吃苦，服务又周到、细致，相比邻近几家摩托修理店，他们的生意要好得多。很多时候，即使在冬天里的深夜，在整个小镇都安静下来时，唯有他们夫妻俩仍在灯光下忙活。他们的店面越办越红火，他们不仅做摩托车维修生意，甚至还卖起了摩托车，实在忙不过来，又收了几名小徒弟。生意逐步扩大，拥有了上百万的存款。

“夫唱妇随”的日子就这样忙碌着、辛苦着，却也幸福着。不料，一场大火将夫妻俩十多年的辛苦打拼，全部归于零。不仅新进的一百多台崭新摩托车烧得一辆不剩，还有一名徒弟被烧成了重伤，就连存款与衣物也全部被烧得干干净净，房屋也烧得坍塌了。

他们不得不面临一无所有，还要支付徒弟好几十万元的治疗费。可灾难并没有压垮他们，在镇民政办的帮助下，他们重修了房子，又贷了一些钱，重新开始创业。

他们夫妻俩日夜操劳，短暂的五年过去，他们的店面又恢复到了原来的规模。只要心与心相随，再大的困难，也不会将人压垮。历经火灾的重创，他们仍然恩爱、幸福无比。这就是心相随的力量，能战胜一切。

爱一个人，便是相依相伴相随到永远。世间最美的风景不是秀丽的河山景色，而是相依相扶走向落日余晖的耄耋老人，相信他们朴素的爱能打动无数婚姻中的男女。

点滴成就幸福的未来

生活无大事，无非柴米油盐酱醋茶等小事。不能正确处理生活中的细小，就有可能让彼此的感情面临危险的境地。

能拯救感情、得到幸福的是那些小事，而能打败一个家庭的，也恰恰是那些琐碎的生活小事，我们不能不在意婚姻生活中那些平凡的小事。

首先，对待双方父母要平等。过春节时，女友丈夫给自己父母各买了一件上千元的羽绒服，还买了人参、鹿茸等大量补品，而到岳父母家时，女友要给辛苦帮自己带了一年孩子的母亲买件上好的皮草，丈夫却不同意，只愿意花极少的钱给岳母买点水果、蛋糕等吃食，他的理由是岳父母两个人都有退休工资，而且他们夫妇俩的退休工资根本花不完。女友为此和丈夫大吵了一架，她红肿着眼睛向我哭诉“他给他父母买贵重物品，自己从来没有阻挠过他，甚至，还帮着他参考给公公婆婆买什么颜色的衣服合适。而自己父母常年帮自己带着孩子，却很少见他买礼物相赠，难道我父母有花不完的钱，就应理所当然地为我们付出吗？”女友越说越伤心，还欲提出离婚。我不知道怎样安慰她，感恩父母是每个子女应当做的事。夫妻相处，不能心中只有自我，而应该时时想到对方。对方的父母，也是自己的父母，不应厚此薄彼，从而伤了家庭和气。女友信任我，对我倾诉过这件事后，我让老公出面，去帮忙调和，毕竟，老公同她丈夫也是很好的朋友。也不知此事调解得怎样，只知女友去了外地，此后再也没有与家里联系。她丈夫隔三岔五地往岳父母家跑，希望找到妻子的丁点消息，可是一直都没有。看着他沮丧的模样，我老公有些恨铁不成钢地说："早知如此，何必当初呢？"苛刻她的父母和家人，就等于伤害她。给父母赠送礼物，虽然是生活中很细小的一件事，却往往能看出一个人的品质——自私，不懂感恩。这样的男人是很少能获得女人喜欢的，他只能让你背上不孝的骂名。

其次，要注意与异性交往的尺度。有些男人在外同异性喝酒、聊天，甚至开房，却绝不会允许自己的妻子不拘小节地和异性打闹。有男人看到自己的妻子和他人开心说笑，而将自己抛在一边置之不理时，内心便会翻江倒海。有些男人有点小肚鸡肠，在遇到比他优秀的男性时，他会时刻保持高度警惕，唯恐自己的妻子被他人夺走。而对于女人也是如此，男人身边出现一位年轻漂亮的女性，有些女人就会百般猜疑或醋意大发。男女都如此，与异性相处，倘若不把握好中间的尺度，必能引发家庭矛盾或战争。

有两对平时关系要好的农村夫妻，妻子分别叫张丽和李秀。在闲着无事时，他们常聚在一起打麻将、聊天，偶尔会说些荤段子，相互间也很少会介意。张丽的丈夫去了外地打工，一年半载也难得回家一次。有一天，李秀的丈夫路经张丽家，恰逢张丽正坐在门口，于是上前搭讪，想询问她老公在外面的情况怎样。而此时，外面正下着斜风细雨，张丽便邀请李秀男人进里屋细说。而张丽家里的里屋，就是卧房。她和李秀男人在里面聊了一个多小时，不知不觉就过了午饭时间。李秀见到了饭点，丈夫还没回家，打电话也不回，便去附近找。有人告诉她，瞅见她丈夫进了张丽的屋，她既好奇又生气地赶过去，果然发现丈夫正和张丽坐在床沿上，开心地聊着什么。立即，她的醋瓶子被打翻了，无论丈夫和李秀怎么解释，她也听不进去，在那里和丈夫大吵大闹。很快，附近的乡邻都围了过来，瞬间，都明白是怎么回事了。此时，李秀男人和张丽纵有千张嘴，也说不清了。

回到家，见李秀要寻死觅活，她男人不堪其扰地说："请你相信我，我和她真没有的事，别闹了好不好？"

李秀不依不饶地说："你和她都混到一张床上去了，叫我怎样相信你？难道还让我看到你们在床上干风流事，才算有事？"

男人再也无法往下说，更无法替自己澄清。从全村人看他时的异样眼光里，他相信所有人都和妻子一个想法。他很后悔进到张丽里屋，更不该坐到张丽床上去，否则，也不会给自己和张丽脸上抹黑。他不知道，张丽丈夫回来后，该如何向他解释。相处了那么多年的朋友，也许就因此事将两家的关系毁了。因此，对待异性，我们应该做到有礼有节，保持一定距离。异性朋友不比同性朋友，我们在行为做事方面，多少要考虑性别的特殊性。也许你不介意此等小事，可世俗眼光的杀伤力不容你忽视。

要多注意倾听。倾听是一种尊重，也是一种爱意。男人或女人有时像一个寂寞的孩子，需要自我发泄。如果，你表现出不耐烦的态度，他（她）也就没有兴趣和你交流了。倾听可以让你懂得他（她）心里在想什么，让你更懂他（她），也可以及时调整夫妻相处模式，或解决他（她）所面临的难题。倾听是极小的一件事，可以让爱人的心更贴近你。当你想将今天在公司里所见到的高兴事说给爱人听时，爱人却一脸不耐烦地打断你说："够了，够了，没闲心！"想必，你的心一定是冷到冰点，一连几天都高兴不起来。自然，对他（她）也不会表现出好脸色。

最后，夫妻相处要多点体贴与关爱。这些不会花费你很长时间，也不会花费过多精力，却能拥有伴侣对你的感激之情，又何乐而不为？比如节假日，可以陪着爱人看看电视剧，给丈夫精心准备饭菜，嘘寒问暖，主动关怀，这些鸡毛蒜皮的琐事，日积月累，叠加在一起，必能看到夫妻感情由平淡变得温馨暖人。

仅一杯白开水，也能温润爱人的心。下面一对夫妻俩程式化的生活方式，三杯水，极细微，极平常，却能打动不少恋人。

每天上午九点准时起床，洗漱完毕后，女人总能在餐桌上看到一杯温开水。女人知道是他放的。水温不凉也不烫，恰在四十多度左右，温暖了她的整颗心。

喝完水，便在杯底发现一张纸条，写着：“程序一”。她很甜地笑着，走到厨房。

厨房餐桌上的早点很丰富，有一片切片面包，存放在保温杯里的热牛奶，还有一个甜的红薯饼。他知道她爱吃甜的。显然，这是他早晨起床后到街对面买的。

她坐下来，就着热牛奶吃着面包，啃着红薯饼，香甜温暖环绕在唇齿间，令整个心都是甜甜的。

吃完，她伸了个懒腰，到阳台上看看栽种的新花种，并浇浇水后，来到书房。

当她刚坐下来，准备打开电脑时，便在台面上又发现一杯水。她莞尔一笑，端了水杯，一饮而尽，水温只比先前略低一点，但喝起来不凉。那温润流进心田，便有幸福的笑容漾出来。

随后，她在杯底又发现一张纸条，写着：“程序二”。她知道，又是他。

两杯水化作一股暖流，令她神清气爽，身心舒畅。于是，她坐在电脑前开始了一天的工作。

当她感觉疲倦时，离开书桌，推开窗户，便能在窗台下显眼处发现一个大暖水壶，水壶下同样压着一张字条，写着："程序三"。她从书桌上拿水杯倒水。

水壶内的水依然是不烫也不凉，恰到好处的水温，能让她在写稿的间隙，喝完一杯又一杯。

她是一名自由撰稿人，每天深夜睡觉，上午九点起床，且患有多种结石，却害怕手术治疗。医生曾叮嘱，每天喝大量的水，也能将结石排下来。而她忙碌起来时，总是忘记喝。

于是，他在临上班前，她仍在熟睡时，买好早点放在餐桌上。担心她忘记喝水，便估摸着她起床的时间，在她需要经过的地方放上一杯温开水，并压上字条。就以这种方式，她再也没忘记过喝水，并在一个月后顺利排出了结石。

男人对女人的爱，既琐碎，又不厌其烦，并最终驱走病痛。其实，两个人从结婚的那天起，就要过上琐碎而繁复的日子。工作、养育子女、照顾父母……一切的一切无不烦琐。过日子就是每天与这些烦琐事打交道，把自己看得如同皇上（皇后）似的，不肯俯身与这些琐事打交道，就难保证幸福。只因，在婚姻生活中，夫妻都是平等的。没有谁是谁的用人，也没有谁是谁的皇上，爱着对方时，就要从细微处体贴她，关爱她，和她分担生活中的一切琐事。

爱情不做游戏

爱情应该是真诚的，来不得半点虚伪与做作，逢场作戏不仅伤害对方，更是伤害自己。在这场爱情的游戏里你输掉了一位女性的尊严与诚信，浪费了感情、精力与时间，成了坏女人的代名词，甚至，还会给自己带来坏的影响与祸患。逢场作戏的女人让男人深恶痛绝，戏弄他人感情，给他人带来情感上的创伤，不仅会受到道德与良心上的谴责，还会让对方不悦，极个别男人会产生报复心理。

在我们开始一段恋情之初，如果我们不懂他人的心，就不要投石在他心灵的海中，激起千层涟漪。当恋情进行到一半时，才发现对方并不是自己想要找的人，此时抽身，会给自己或他人带来不小的创伤，甚至惹来不少麻烦。因此，在我们投入一段恋情之前，一定要通过各种渠道多了解对方，慎重又慎重！是自己喜欢又适合自己的人，接受他或追求他的爱，不适合自己则一定要远离他或表明拒绝的态度。

在没有想好之前，不要轻易说爱。爱是一种承诺，游戏的态度是对爱的背叛，许下了诺言就欠下了债。真诚的爱不是缺了就可以找，更不是累了便可以换，它是相约到老的不离不弃与长相厮守。

爱，不是一个人的独角戏，而是两个人的身心投入，最后，幸福地走在一起！

爱情没有华丽的外衣，不需要敷衍。你敷衍的将是自己宝贵的青春，没人会为你失去的青春与大好时光买单。我们万万不可稀里糊涂地开始一段恋情，拿他人的真心开玩笑，这对他人是一种人格上的侮辱！会让人愤怒、抓狂。

爱情是平淡生活中获得的一份真情，一种寄托。爱一个人，不一定要拥有；但拥有了一个人，就一定要真心付出，真诚相待。游戏的态度会让原本不适合当恋人的人变成陌路或仇敌，甚至会引火上身。

如果不爱了，请放开他（她），好让别人有机会去爱。放手，是一种理智的爱。在现实生活中见过不少因情感纠纷而引发的惨案。就在某个城区，有位心理极不正常的中年男子和一年轻女孩相爱，后来，女孩移情别恋，向中年男子提出分手。这名中年男子得不到女孩的爱，也不愿放手让别人去爱，便以吃分手宴为借口，将女孩骗至家中，用锄头重击其头部致死。随后，将尸体拖到事先挖好的地窖里。案发后，警方根据女孩父母的报案，在中年男子家中的地窖里找到女孩的尸体，将中年男子带走审讯，并绳之以法。这是多么沉重而惨痛的教训！爱不成则生恨，没有一颗宽厚、善良的心，很容易走极端。对待另一半的移情别恋，如果我们做出任何努力都不能挽回她的心，那么，就请送上真诚的祝福吧！这样，即使你没能收获爱情，也收获了友谊与感动。只要你付出了努力与一颗真诚之心，她不爱你，是她的损失。

而现在有些女性在对待男人移情别恋或出轨等问题上，总显得不够理智与豁达。她们愤怒难过，死缠烂打，自暴自弃，打击报复第三者，不惜用血与生命的代价来拼得最后的输赢。其实，这样的行为都是不理智与懦弱的表现，不仅不能换回男人的心，甚至，还让男人厌烦。如果你不断提升自己，以崭新的面貌出现在他面前，也许，他会对你刮目相看。20 世纪 20 年代，人们感叹徐志摩的浪漫、热忱、痴心和执着，却不知他对原配夫人张幼仪的无情与残酷。由于是包办婚姻，徐志摩从婚前到婚后都鄙视她。在她怀孕两个月时，为了与林徽因相恋，徐志摩逼着她去打胎。在她产下次子，身体虚弱正需要人照顾时，他拿着离婚协议书让她签字。在丈夫无情到冷漠的情况下，张幼仪没有哭闹，没有纠缠，而是忍着伤痛大度地签了字。后来，张幼仪辗转去了德国，边工作边学习，学得一口流利的德语。她先是到东吴大学教德语，后来又出任上海女子商业银行副总裁，并在静安寺开了一家云裳服装公司，张幼仪出任该公司总经理，这让张幼仪的经营能力得到极大发挥，就连徐志摩也刮目相看。后来，在徐志摩给友人的信中提到了张幼仪是一个有胆量、有志气的女子，内心的崇拜与敬仰溢于言表。张幼仪以全新的人生理念与智慧的方式，找到了自信与人生的支撑点，赢得了徐志摩的尊重。

在对待男人移情或出轨一事上，用智慧与能力打败对手，远比哭闹、纠缠、报复等行为要有效得多。如若自己实在没能力打败对手，就干脆放弃吧！为一个不爱自己的男人伤心痛苦，是件多不划算的事啊。要知道天涯何处无芳草，这个世界很大，优秀的男人很多，何必要在一棵歪脖子树上吊死呢？

如果爱了，就一定要深爱，不离不弃，永远相守。爱情的游戏我们玩不起，它浪费的不仅仅是自己的时间与精力，更浪费了对方的真情投入，这样做是不礼貌、不尊重对方的表现。全身心地投入，到最后只收获一场虚伪的邂逅，这对谁来说都是一件悲观失望的事。每一位投入真情实意的男女，都不希望此事发生在自己身上，他们希望自己的爱情能开花结果，而不是还未开放就凋零。

其实，爱情的实质正如毛主席所说："一切不以结婚为目的的恋爱，都是耍流氓！"毛主席的话有着深刻的道理。恋爱的最终目的是，两个相爱的人走到一起，并相约一起生活。而游戏只是以获取物质利益与情感宽慰为目的的，男女双方或其中的一方并没有相约走到一起的愿望，他们谈情说爱只是为了冲破婚姻生活的平淡乏味，以寻求刺激与快感。他们害怕承担起责任，害怕一切与自己利益相关的事受损。

笑着过日子

哭是一生，笑也是一生，我们何不将灿烂的笑容留给他人呢？笑容能给人温暖，谁也不愿意看到一张哭丧着的脸。婚姻生活中也是如此，你笑，生活便对你笑；你哭，生活便对你哭。

笑的力量是无尽大的，它足以改变一个劣迹斑斑的男人，也许你难以相信，可生活中确实存在着，这样一位不平凡的女性就生活在我娘家那个村子。这位男人就是我叔叔的一位表亲。男人从小在这个村子里就是臭名昭著，吃喝嫖赌样样都干，靠着父亲的工伤款好不容易娶了媳妇，脾气仍然难改。懒散、脾气暴躁，爱骂人、爱动粗，常把媳妇揍得鼻青脸肿。暂且，我就用第三人称“他”与“她”来代替本故事中的男人与女人吧。

他的三次婚姻，都以鸡飞狗跳短暂地结束。那隔着墙的争吵声，还有女人委屈的哭声，常常搅得四邻不安。人们唾弃他，第三次离婚后，邻近再也没有哪个女人愿意嫁给他。

可在一年后，男人竟从外地带回了一个女人。女人并不怎么漂亮，无论长相、身材都不及他前三任妻子，只是爱笑，笑起来眉眼成一条线。每次进进出出，遇见邻里，都会主动上前笑着打招呼，说话轻柔细语，让人如沐春风，礼貌又温柔可人；对自家男人，或撒娇，或娇媚地嬉笑、嗔怪，从没见她大声说过话，或生过气。

可邻里并不怎么喜欢她，在他们眼里，能和这种男人走在一起的女人，也绝不是什么好女人。因此，每每遇见女人向他们主动打招呼，他们都是一副似笑非笑、以观望的心态看好戏的模样。只因，男人前三任妻子都是哭着离开的，这次，当然也避免不了，谁让她不自重，未婚就先同居，以后，就等着哭着过日子吧。大家虽不喜欢女人，却还是不免为她婚后的日子担忧起来。

由于女子是外地的，婚事也很简单，随便买了套新衣，又请男方父母吃过一顿饭后，就算把婚事办了。

一年过去，平安无事。有人悄悄关注，却见女人每天都甜笑如蜜，和男人恩恩爱爱相处，并且，还生下了一个胖胖的小子；三年过去了，除了偶尔听到男人呵斥孩子的声音，他们依然和睦相处，日子恩爱甜蜜，再也没见男人发过脾气，骂过人，动过粗，男人似乎变了一个人似的，主动包揽下了所有的家务，对女人温柔体贴。从屋里传出的不再是哭声、打闹声，而是一家人快乐的笑声。这一切都说明，他们生活很幸福。

也有邻居抱着好奇的心态，上男人家小坐。邻居发现，无论男人说什么，女人都是笑，有时，两人意见不统一，眼看就要发生一场争吵时，女人则会先让步笑着嘟嘴说："你说咋样就咋样嘛，反正，你心里没我。”

这时，男人一定会认真征求女人的意见，两人再协商着解决。但很多时候，都是男人听从女人的，这在以前，男人根本办不到。

邻居很羡慕地说：“你们真恩爱，从没见过你们争吵。”

男人笑着说：“一说她就笑，能吵得起来吗？”

看来，笑着解决婚姻中的问题，比争执着解决有效多了。笑，是婚姻幸福的有效途径之一。

古装剧《卫子夫》中卫子夫常挂在嘴边的一句话是：“笑着日子容易过。”生活确实如此，以乐观的心态面对，再难的事情也总会有解决的办法。

笑着过日子能战胜一切困难。当医生告诉他，晚期肠癌，活不过三个月时，他和妻心情沉重地回了家。晚上，在床上辗转反侧了整整一夜，想到辛苦操劳了大半生的妻子，一双刚成年的儿女，年迈的父母双亲，不知不觉，泪水已洇湿了一大片枕巾。妻子却安慰他说：“你一定会没事的。你的运气总比别人好，你看看，小时候溺水，有人出手相救；年轻时，从三楼摔下来，仅摔骨折；中年时，又遭遇车祸，颅内损伤，这不都挺过来了。你福大命大，这次，你也一定没事。”

男人情绪低落地问：“这次，你怎么就能保证我没事呢？”

妻子答：“因为你答应我的事还没兑现呢。再说，孩子们都这样大了，你好好陪过他们吗？已是耄耋之年的父母双亲，你孝敬过他们吗？你肯定不能弃下我们就这样走了，否则，我们找谁兑现承诺去？”

妻说的话，让他心里一震。是呀，自己还不能死。自己欠妻子的、孩子的，父母的，都没能偿还呢。

他曾答应过妻子，要带她到世界各地去走走。结婚近三十载，可自己要忙于公司里的事务，一直没能了结妻子的这桩心愿。

儿女渐大，可从前因为忙，很少关注他们的成长，如今，他要找他们好好叙叙工作与生活。

已是耄耋之年的父母双亲，平常因工作忙碌，一年到头，也难得回家几次，如今，得好好陪陪他们，以弥补自己的不孝。

想了一夜，他将公司里的事务，全权交给下属打理。在妻子的陪同下，进了医院手术室。历经六次放化疗，忍受着脱发与呕吐得五脏六腑俱损的痛苦，在妻子的细心照料下，他终于出院了。

出院后的他轻松无比，陪妻子游山玩水，陪子女聊天，谈工作与生活，又将父母接到身边好好孝敬。甚至，他和妻子还结交了许多癌友。他和癌友谈家人，谈工作，谈生死，无所不言。看透世事与生死的自然规律后，他的心变得非常开阔。有时，他们夫妻俩还会一同去寻找环境清幽静美的墓地。只因妻子说，以后他们要永远在一起。为了找到合适的墓地，他们会对走过的每处墓地，做出不同评价，偶尔争论。争论的结果，便是继续寻找彼此都满意的所在。在寻找墓地的过程中，他的心中不再悲伤与恐惧，仿佛，是在欣赏沿途的景致。

他们夫妻俩经常和癌友们一同探讨生死的意义。对死亡，他有了更多的认识，懂得坦然与乐观对待。

他为死亡做好了充足的准备，耐心等待它的降临。三个月过去了，一年过去了，三年也过去了，可自己仍然活得好好的。去医院复查，医生告诉他，癌细胞已经全部消失。

从医院回来的路上，他开心地笑了，原来，死神被自己和妻子的乐观吓跑了。

因为有爱与欢笑，死神也望而却步。这是一则真实的故事，男人至今活得好好的，和妻子一道含饴弄孙，偶尔和人组团外出游玩，幸福快乐着。如今的他已是七十高龄，却是耳不聋、眼不花，走路健步如飞。采访到他时，他告诉我，人活一生最重要的是心态，心态好，生活就幸福，所有困难都会退避三舍。是呀，困难也会逞强凌弱，你笑，它就畏惧退缩，你哭，它就上前烦扰。

笑着过日子能令家里财运旺盛。财运与天时、地利、人和有关。也许你买彩票一下子中了五百万，这叫天时；也许你购得一块地皮投资房产，地皮忽然增值，你赚得盆满钵满，这叫地利。人和，靠的是人际关系与好的人缘。相信谁也不愿意与成天板着一张苦瓜脸的人打交道，你的笑容必能赢得他人的微笑与好感，别人也乐意与你合作，或乐意帮你一把。

尤其是夫妻，如果整天争吵不断，成天冷眼相向，不仅是外人不乐意同你们打交道，即使是父母兄弟姐妹也会退避三舍，更别说遇到困难时，他们会向你们伸出援手了。很少有投资商愿意和不和睦的夫妻合作，他不仅要考虑你的人品，还要考虑自己的投资是否能有保障地收回成本。这就是人和对于财富的影响。没有好的人际关系，没有夫妻同心协力，财富就会远离你。而好的婚姻关系与一个人是否笑着过日子有关。

因此，当我们心情不佳时，事业与财运都会受到影响。没有好的心情，对于工作不能全心投入，难免会出现差错；没有好的心情，对任何人与事都提不起兴趣，稍不留意，就有可能得罪同事或朋友。没有好的人和条件，即使遇见财富，你也很难抓住它。

猜疑会让爱瓦解

相恋的两个人，一旦走进了婚姻，便结束了单身生活，日日朝夕相处。在夫妻感情不深，彼此间沟通又很少时，无端猜疑的现象屡见不鲜。

有对夫妻，在同城网上相识三个月后，便走进了婚姻的殿堂。婚后才发现彼此的性格差异很大，妻子爱说爱笑，而丈夫却性格内向，很少与人说话。俩人经常为生活琐事争吵，家庭生活沉闷。

一日，丈夫看到妻子下班后，与一男人在马路上边走边聊，非常开心。他见妻子笑得那样灿烂，便有些嫉妒地想，妻子一定同那男人关系暧昧。不然，妻子在家里怎么总对他板着一张脸呢？更何况妻子近段时间行为举止异常，对他总是不理不睬，想到这些，他愈发觉得妻子与那男人关系不一般了。他跟踪了一段路，也没有发现什么，于是悻悻地回了家。

待妻子回到家中，他板着脸和她争吵，妻子生气地同他争辩，他气愤难耐地甩了她一耳光。妻子忍着疼痛，流着伤心的眼泪，极委屈地回了娘家。很快，便向他提出了离婚。而此时，他才知道一切都是一场误会，那位同事临时有点事，正好可以与妻子同行一段路，于是，两人边走边聊。他错怪妻子了，可妻子却不再原谅他，执意要同他离婚。

后来他才弄明白，妻子对他少有笑容与不理不睬的原因，竟然是他近段时间频频接一位女同学的电话。那位女同学是他的初恋情人，婚后过得不幸福，便又想到他，每次打电话都想邀他去北京发展。只因，女同学家住北京。他不敢断然拒绝，以免伤害了女同学的自尊心，便只好找出各种借口来应付。打电话时，担心妻子听到，每次，他都躲在阳台打，打完即删除。没想，这一偷偷摸摸的举动还是被妻子发现了。妻子表面上虽然装作什么也不知道，内心却是极不高兴。她想着丈夫竟然瞒着她与初恋情人好，还弄得神神秘秘唯恐她不知道似的，因此，每次下班回后，面对他也就没有了好脸色，甚至，对他不理不睬。妻子的这一切反常表现，仅缘于他与初恋的秘密电话，直到两人对簿公堂时，他才明白一切事情的原委。

这都是沟通不畅与无端猜疑惹的祸，如果丈夫在初恋给自己打电话时，能坦然对妻子说明，妻子也不会为此耿耿于怀。而丈夫的猜疑也无端加速了婚姻的死亡，再加性格的差异，让本已心存隔阂的妻子，更是失去了共同生活的勇气。

夫妻间的猜疑是彼此情感的蛀虫，有了猜疑，便会加深夫妻间的隔阂，使彼此间十分亲密的关系逐渐疏远，夫妻感情出现裂痕。

有对年轻夫妻，平时感情非常要好。一日妻子下班回家，居然看见自己丈夫和一陌生女子坐在客厅沙发上聊天。从丈夫面前满满的烟灰缸可以看出，他们至少交谈了近半天。女子见丈夫妻子回来，便匆匆离开。丈夫也不作任何解释，便欲起身到厨房热饭菜。妻子疑云重重地问："那女人是谁啊？怎么没见过？"丈夫吞吞吐吐地回答："从……从前的一位女……女同学。"妻子意欲打破砂锅问到底："她来这儿干吗？"丈夫有点生气，极不耐烦地回答："你审问我啊？不关你事就行了。"妻子虽忍着，可依然十分生气。她气愤难耐地想，家里进来一个素不相识的女人，借自己不在时，和丈夫待在一起这么久，难保他们没干什么出格的事。又怎能说不关我事呢？妻子越想越气，连饭也没吃，便赌气去了娘家。

个性要强的丈母娘见女儿才嫁过去便受到冷遇与欺负，很是生气，护女心切，她连夜赶过来，不分青红皂白，将男人一通好骂。骂完还不解气，竟掀翻了男人一桌子的饭菜，才带着女儿扬长而去。

第二天，得知事情原委的公婆，为儿子抱不平，到女方娘家来骂阵。从公婆骂的话里，她才知道，那位陌生女子是丈夫的一位远房堂妹，因为吸毒，从不学好，丈夫和家人便从没有提到过她。那天，堂妹过来找丈夫借钱吸毒，丈夫没借给她，将她好好教育了一番。见堂嫂回来，自觉没脸见人的堂妹便灰溜溜地走了。

而此时，夫妻俩想要和好却变得异常困难了，只因，他们的母亲扭打在了一起。

在法庭上，当妻子看到丈夫不舍地和婆婆一道离去时，流下了悔恨的泪水。而此时，这两位母亲似乎也有些悔意，相互对望一眼，低着头默默地离开了。

猜疑是对人、对事不信任，是一种无事实依据盲目臆想而妄下结论，是一种不健康的心理。如果夫妻用这种心理去对待另一方，必定会伤害对方的自尊，伤害人格，引发不快，从而产生夫妻矛盾。夫妻双方尤其在有父母参与时，其矛盾将会恶化到无法收拾的地步。

猜疑是夫妻关系破裂的一大隐患，夫妻必须引起足够的重视，适时多进行沟通，让彼此知道对方在心中的重要地位，这样有助于消除猜疑心理。爱着对方时，就要信任他（她），信任是一种人格上的尊重，更是一种深层次的爱。

有这样一对夫妻。婚后，男人从不过问女人的从前，但女人却认为男子对自己是漠不关心。

女人一直想见初恋，她想知道，当初，初恋为何要弃自己而去。几年来，这个想法如茧般，缚得她透不过气来。如今，初恋从国外回来了，约她到一个咖啡馆见面，去，还是不去？她犹豫不决。尽管当年是初恋先提出的分手，可她心里，仍想见他，毕竟，还有几天，初恋就要移民新加坡，以后，将没有相见的机会了。

当女子鼓足勇气，向男人提出心中的想法时，原以为，男人会一口拒绝，或义正词严地指责这不合理的请求，没料到，男人仅是温柔地扫了她一眼，毫不在意地说，你去吧！路上注意安全！随后，就继续看自己的书了。女人的心一阵狂喜后，却又莫名地失落，他竟是一点也不在乎自己。

女人精心打扮一番后，就去赴约了。当她到达那儿时，初恋早已坐在靠窗桌边等候了。初恋还是那样英俊，分别五年的光阴，在他身上并没留下太多影子。他就那样满含爱慕地看着她，一如从前。她的心微微一动，很快，镇定下来，毕竟，她有了他。

女人陪初恋坐下喝咖啡，听初恋闲谈这几年在国外的奋斗史，以及当初同她分手的迫不得已。只因，那位女孩以怀孕相威胁。对初恋无聊而冗长的虚情告白，她有些厌倦。女人心里在想男人——都出来半天了，这会儿他为啥还不打电话？她看了看表，已经深夜十点了，难道他一点也不担心她？他就如此放心自己和初恋在一起？

当初恋忽然抓住她的手，乞求她嫁给自己时，她回过神来，吓了一跳地挣脱他说：“对不起，我已经结婚了，老公很爱我，这会儿我该回了。”说完，逃似的离开了咖啡馆。

女人独自一人搭乘计程车回到家时，却发现男人竟仍是捧着那本书看得入神，见她推门而入，才想起打算去接她的事。

夜深人静时，他与她相拥，女人怎么也睡不着，有一个结缠在心里，她忍不住问男人：“你怎么放心我去见初恋，竟连个电话也不打呢？”他搂紧她，在她耳边轻声说：“我爱你，就得信任你。”那一刻，她的心释然，被满满的幸福感充斥着。

这个故事说明，夫妻间的互相信任很重要。每个人都有自己的生活圈子与社交圈子，那种把另一半看作自己私有财产、限制对方自由、处处设防者，很易引起对方反感，造成夫妻关系紧张，是愚昧之举。那样，不仅不能抓住另一半的心，反而容易弄巧成拙，伤害到对方。

夫妻间除了相互信任，更要心胸坦诚，多些沟通，增强彼此的思想交流，增强夫妻生活的心理透明度，夫妻感情才能更融洽。有了深厚的感情，相互间也就少了些猜疑。

第五辑

男人凭什么爱你

爱从来都不是无缘无故的，也不是毫无道理的。因为你触动了他内心的柔软情怀，打动了他，成就了他，让他懂得了爱与怜惜。

爱是宽容而非“理”

俗语说：“有理走遍天下，无理寸步难行。”可这个“理”用在家庭与夫妻关系上是行不通的。

如果你爱一个人，就要容忍他（她）的缺点与不足，如果你据理力争，得理不饶人，势必会引发家庭矛盾。只因，家不是一个讲理的地方。每个人都有缺点与不足，你选择爱一个人，就要接受他（她）的缺点与不足，做好一辈子宽容他（她）的准备，而不是要试着去改变他（她）。如果都试着去改变对方，这个家势必难以安宁。

妹妹虽仅比我小一岁，可个性与脾气都比我要强势多了。对于婚姻生活，父母更多是看好我，并不看好她。后来，妹妹嫁人，可她强势的脾气仍然没变，动不动就发脾气。我很诧异她和妹夫的关系怎能相处得那么好，几乎很少争吵。说到妹夫时，妹妹往往也是一脸幸福。

亲眼看见他们夫妻俩的相处方式后，我便有了很深的感悟。第一次目睹妹妹对着妹夫发脾气，是在一天的晚餐时间。妹夫买了菜回家，却唯独没买我和她都喜欢吃的虎皮青椒。妹妹大发脾气，非得逼着上班已累了一天的妹夫再去买。妹夫不去，她踢翻了妹夫坐的小凳子，妹夫一屁股摔在了地上。可妹夫并不恼怒，从地上爬起来，拍拍屁股上的灰尘，反而笑嘻嘻地说：“不就没买虎皮青椒吗？至于发那么大的脾气吗？我去就是了。”说完，妹夫一瘸一拐地走了。

事后，我为此事责怪妹妹，责备她没能好好对待自己的丈夫。没料，我的话却被买青椒回来的妹夫听到，他走过来仍是笑嘻嘻地对我说：“姐，你还是别费那个口水了，她就那脾气，没把人整骨折就很不错了！不过，她的脾气一会儿就好，我早已习惯了。”妹夫边说，边在妹妹的指挥下去择菜、洗菜。

妹夫正在剁排骨时，由于用力过猛，只听“哐当”一声，一只瓷碗从案几上掉下来，摔得粉碎。这只瓷碗是妹妹前几年去云南游玩时买的，妹妹见它花色很漂亮，就买下了，此后一直跟随着她，她当然舍不得。妹妹冲着他大发脾气，甚至，扬起手中的锅铲，作势要打他。妹夫跳起来，捧着头，吓得抱头鼠窜。他一脸狼狈样地立到一旁，发现我正看着他，于是一脸笑意地为自己的窘态辩解说：“我算是怕了她！”

我为他抱不平说：“你不要怕她，她不过是一个纸老虎罢了！”

妹夫回答：“不管是不是纸老虎，最好别惹她生气。”

心里虽为妹妹高兴，可我还是在口头上责怪妹夫过于放任她的个性。

妹夫看了一眼正在灶台前忙碌的妹妹，凑到耳旁对我说：“不是放任她，是怕她！你想想哪个男人会打不过女人呢？我怕她，是因为和她争吵不划算。即使我赢了，又能怎样？还不是伤了家里的和气？只要她高兴，就由着她好了，她说什么，就是什么，我很少去反驳她。她要求我做什么，我就尽量满足她；她不高兴了，想打人，我要么跑，要么任着她打两下子泄泄气，她也不会真将她老公打得怎么样，是不是？只要家里一团和气就好。”

我仍是替妹夫抱不平：“只不过是碎了一个瓷碗，十多元钱而已，值得发这么大脾气吗？再说那个碗本应该在橱柜里，却被她随手放在案几上，能说她没有错？你可以和她讲道理，告诉她错在哪里，让她也懂得认识自己的错误，别以为错全在他人身上。”

妹夫回应我道：“再讲道理，也不能跟自家女人讲道理。这道理哪能讲清呢？你说我吧，上班劳累了一天，还要被逼着去买虎皮青椒，这青椒天天吃，就一顿不吃，也是行的吧？姐，你今天来了，她才下个厨，装装样子。平时下班早，却很少做饭，非得等着我下班回家做饭侍候她，还振振有词地说：“男人就该侍候着女人，不然嫁你干吗？”姐你说，这是什么道理？”

确实，我也说不清这是哪门子道理。妹妹的懒在我们亲属朋友中是出了名的，我相信妹夫说的是大实话。可我一时不知该如何回答是好，妹夫见我没回答，又对我说：“姐，你说，我跟她讲道理，有用吗？再说，我不同她讲理，也是心疼她。我家境不好，她嫁给我，没过上什么好日子，我就多让着她吧！”妹夫一番话，说得我既感动又高兴，妹妹的眼光不错，真是找了一个心地宽容的好丈夫！

妹妹虽然脾气坏点，可平时对妹夫也非常好。一次，见妹妹仍然穿着去年我给她的衣服来见我时，我心生怜意，不免当着妹妹的面埋怨妹夫不会挣钱，让她跟着受委屈。妹妹替他分辩道：“要那么多钱干吗？只要他够心疼我就行了。再说，这衣服是我自己不买的，你不是给我送了嘛，能穿就行了，买那么多干吗，收拾起来多麻烦！”

我责怪妹夫牌瘾大，闲暇时间就知打牌，也不想着如何改变贫穷的家境。妹妹替他辩解：“他就这点喜好，由着他吧！哪能整天都是工作？还不把人累死？和朋友一起打牌娱乐下，也能放松身心，只要不赌钱就行。”

妹妹一番话，说得我非常惭愧。虽然我的性格比妹妹温顺，可心胸远没有妹妹那样宽大，事事必斤斤计较。老公偶尔去与朋友聚会一次，打打牌，我就会埋怨丈夫不顾家。丈夫挣钱少了，我也会埋怨他，不会打理和上司的关系。丈夫晚归一次，必能换得我半天的唠叨。丈夫和我据理力争，于是，这个家庭的气氛时常很紧张。有时，我们会吵到谁也不让谁，大大伤害了彼此间的感情。

其实，爱很简单，你包容他，他包容你。好夫妻，永远都要相互装傻，装瞎子，你护着他的短处，他必能护着你的短处。只因，彼此都不够完美。争执在很多时候，没有留下谁对谁错，却失去了本应珍惜的感情。

爱没有对错。如果你爱他（她），就要用他（她）想要的方式去对待他（她）；如果你爱他（她），就不要以自己的方式约束他（她），让他（她）自由自在地行走，让他（她）的个性得以充分张扬。

别挑剔，别指责，傻傻地一路相伴，爱在宽容中成长，更在宽容中永恒。幸福，是因为懂得从不和爱人讲道理；不幸，是因为把家当成了讲理的地方。你的据理力争、得理不饶人，最后并不能争个高低输赢，却是弄得家里狼烟四起、战火不断，最终把和睦变成了分离。相信夫妻双方都不愿看到这样的结局。

家是身心自由驰骋、栖息的地方，需要有一颗宽容理解的心，千万别把你的“理”带回家，它在家里不受欢迎，也行不通。

别把婚姻当风景

婚姻是夫妻两个人实实在在的生活，而不是任人观赏的一道风景。因此，在婚姻生活中，在他人面前，我们没有必要掩饰自己，幸福就是幸福，不幸福就是不幸福。幸福当珍惜，不幸福当寻找缘由，努力挽回，如若实在无法挽回，分手也比强绑在一起好。毕竟，委屈彼此不是婚姻存在的实际意义。幸福生活的意义是愉悦彼此，夫妻二人一辈子互尊互爱，彼此关怀，互相爱慕，因为有了对方才感到舒适、快乐。倘若事与愿违，婚姻还有何存在的意义？还不如一人过得洒脱。在现实生活中，有一些夫妻，即使不爱了，但他们会为了所谓的名利、地位、财富等利益，选择继续相守在一起。其实，这样的相守对双方来说都是一种伤害。我曾见过这样一对夫妻，为避免涉及他人隐私，暂就以“男人”与“女人”来称呼吧！

夫妻俩因性格不合而分居了，虽然没有扯破脸皮大吵大闹，但婚姻已经变得名存实亡，一团死气。

男人在家，女人就出去，女人回家，男人即刻出门。彼此像陌生人似的，谁也不理谁。家里的厨房完全如同摆设，很多时候都各自在外吃。有父母或客人来家，立即表现得非常恩爱。一个刷锅，一个洗菜，一个切菜，一个做饭，说说笑笑，很是默契。

外出时，夫妻俩必定手牵着手，或女人挽着男人胳膊，表现得很是亲密。没有人不夸奖或羡慕他们俩的。

只因前不久，夫妻俩被评为市里“最和谐家庭”称号，不仅获得了一万元奖金，还与市委书记合影留念，被电视台跟踪报道，夫妻俩成了大名人，让人羡慕不已。

一日，夫妻俩均收到一朋友婚宴请贴，于是，双双打扮一番就各自出了门去赴宴。

女人搭乘出租车，男人坐公交车。女人到离朋友家不远的地方停了车，等待着男人的到来。这是他们事先约定好的地方。

不到五分钟的工夫，男人从车里跳下来，一声不吭地和女人并肩走。

还有五分钟的路程，女人低着头走，男人边走边漫不经心地欣赏着不远处的风景。到了朋友宴请宾客的酒店门口。女人看了看男人，神情冷漠地伸出手，男人很僵硬地伸出自己的胳膊，女人挽着男人的胳膊，装作很自然地走进了酒店家门。

朋友的整个婚宴，女人都是小鸟依人般依偎在男人身侧，表现得非常温柔，一会儿给男人捶捶背，一会儿拿纸巾给男人擦擦汗。男人也不忘给女人抛一个讨好的媚眼，夫妻俩表现得比人家新婚夫妇还要恩爱、甜蜜，让人羡慕、称赞。

因这个荣誉称号，女人被单位评为先进，她不想因为自己的感情问题，受人指指点点，破坏领导与众人对她的印象。

因这个荣誉称号，男人升迁为单位政治领导，专抓员工的思想政治工作，自己的一言一行，对下属都起着表率的作用，他可不想因此而打破自己在下属心中的美好形象。

于是，夫妻俩就这样耗着，谁也不提出离婚。在众人及父母面前，装得很幸福，很恩爱。

每当同事朋友朝他俩竖起大拇指时，没有人知道他和她内心的苦涩。

他俩上演着一出又一出的恩爱秀时，只为将婚姻当作一出风景，容他人观赏，却忘了让自己赏心悦目。

上面这对男女就是为了所谓的名，而选择将无爱的婚姻进行到底。对于普通家庭来说，无爱的婚姻又是怎样的呢？有人说，我们夫妻俩虽然不爱了，可是我俩有了孩子，我得替孩子的成长考虑，所以选择继续相守，而不是离婚。虽然没离，可彼此在一起，却并没有对孩子的成长造成好的影响，反而对孩子造成了伤害。试问，夫妻二人每天冷眼相向，争吵不休，对孩子的身心健康有好处吗？

婆婆与公公因性格不合争吵了一辈子。在三个儿女相继成家后，他们分房居住，分灶做饭，饭熟了各吃各的，即便如此，同进出一个家门，仍避免不了争吵打骂。三个儿女没有一个愿意留在他们身边听着他们无休止的争吵。因此，三兄妹都在外买了房，老房子任公公婆婆各住一边。我们偶尔回去看望他们，婆婆都会向我诉苦，原来，她和公公又争吵了，并且吵得非常厉害。婆婆喋喋不休地对我和老公说，如果不是看在已有了三个孩子的分上，她早就和公公离婚了。他们一直没离婚的原因，是担心三兄妹受到离婚的伤害，不能过上好的生活。出于对婆婆自尊心的保护，我没有对她说的是，她的想法是极其错误的。在这样的家庭环境中成长的孩子，人格扭曲、性格孤僻、自卑。婚后，老公经常对我谈到他父母的婚姻。他说，这么多年，他没有得到过家庭的温暖，和弟弟妹妹一直生活在痛苦中，每每看到父母争吵，他和懂事早的妹妹就巴不得他们赶紧离了算了。可他又害怕父母离婚后，他们被彼此拒绝、抛弃。因此，他每天都生活在恐慌与不安中。由于父母常年争吵，家庭贫穷，老公自小就表现得自卑，从不敢在人前大声说话，性格也非常孤僻偏执，在初中时，就因为常欺负女同学而辍学，所幸，他后来转到了舅舅、舅妈身边的一所学校重新生活、学习，在他们的关爱与细心照顾下，自信心才得到些许的增强，脸上也开始有了开心的笑容。直至他参加工作后，又遇见了我，组建了家庭，离开父母，身心才真正变得愉悦起来。可偶见父母争吵时，他还是会非常生气与苦恼。有一次，公公婆婆又争吵了，吵得非常厉害，见老公回来了，都要拉着他评理。老公很烦，极不负责任地冲着他们甩出一句话：“丁点小事也吵，还不如吵死算了！”我知道老公一定是气极了才说出这番话的，公公听到这番话，回了一句“白眼狼”气呼呼地扭头就走，婆婆听到了这句话，情绪很激动，一把鼻涕一把泪地数落我老公，说自己辛苦抚养他们三兄妹多不容易，连句公道话也不肯给自己说，还要让自己吵死。那天，老公甚至没来得及叫上我，独自一人逃回了家，好长一段时间，都不敢回父母家。我知道，他是害怕他们争吵了。

夫妻二人如果不爱了，用尽各种方法也无法挽留住彼此的心，还不如趁早分手。也许有人会说："宁拆一座庙，不毁一桩婚。"你怎么还棒打鸳鸯、劝人离婚呢？

我要说的是在两个人的感情实在无法弥补与挽救的情况下，该断就断，该断不断理还乱，以后的生活就要经受很多困扰，对双方都不利。与其两个人受一纸婚约捆绑在一起痛苦一辈子，还不如迅速做出决断，以便于彼此寻求幸福。毕竟，一辈子并不长，为了一段没有感情的婚姻牺牲一辈子的快乐，不值得。

只因，不幸福的婚姻除了给心灵带来伤害，更会损害到自己身体的健康。长期生活在抑郁的情绪中，身体各器官都会得到病理性的变化。各项实践证明，和谐美满幸福的家庭，夫妻平均寿命要长于不幸福的家庭。那些得不到爱情滋润的离婚男女，罹患癌症的概率要大于有美满幸福家庭的男女。

而夫妻关系不和谐的家庭，给孩子带来的伤害也是无法估量的。在日复一日的争吵与冷战中，孩子变得畏缩、自卑，缺乏安全感与归属感，会导致心理失衡。

有一对年轻夫妻近期经常争吵，并且还提出了离婚。为了争夺孩子的抚养权，夫妻俩又展开了夺子大战，女方带了娘舅过来堵在幼儿园门口抢人，男方闻讯及时赶来，夫妻俩在门口大声吵了起来。吵到最后，两个人开始了抢娃争夺战，娘舅抱孩子头，丈夫抱孩子脚，相互拉扯，也许是疼，也许是受到了惊吓，三岁的孩子哇哇大哭。有人报了警，直到警方赶来，此抢娃闹剧才算告一段落。后来，孩子到底还是判给了男方，只是每每在午睡时，孩子都会惊厥着哭醒。孩子的心灵在他们夫妻俩的争吵中已受到了伤害。而有些孩子在父母争吵中，性格变得抑郁、自卑、不爱说话，性格内向孤僻，难以融入集体与社会中。不良的家庭环境每天制造着紧张焦虑与不和谐的气氛，它能让孩子日复一日变得冷漠自私，只因，他没有体会到家庭的温情与爱，这种冷漠敌对的气氛传递给孩子，必能让孩子产生负面心理。这就是为何问题孩子大多出现在父母离异或单亲家庭的缘故。

如果不爱了，我们应该放手，给自己和爱人身心自由，更给孩子一片和谐的天空。把婚姻过成一道外表光鲜的风景，而里面的两个人却忍着痛楚与煎熬，这大可不必。毕竟生活是自己的，而不是过给他人看的。唯有彼此都幸福，才能创造和谐、充满爱的家庭环境，有益于双方身心健康，事业得到发展，财运亨通，更能让孩子免受到伤害，他们的人格、个性与情感得到健康发展。

婚姻让彼此成为更好的人

婚前，第一次把男朋友带回家给父母与姑奶奶参考，男友即现在的老公。姑奶奶就住在我父母家隔壁，除了父母，最亲的人就是她了。趁老公不在时，暗中咨询姑奶奶的意见，姑奶奶对老公并没有谈太多的看法，只是对我说:“女人就是黄花菜，落在地肥处，长势喜人，落在地瘦处，长势差。”

姑奶奶对女性的宿命论曾让我一度对婚姻产生了恐惧心理。嫁给老公，到底是落在了肥处，还是落在了瘦处呢？毕竟，婚前的老公是贫穷的，姑奶奶的话说明，我的一生就会落在瘦处吗？我有些不甘地再次问姑奶奶，并将老公贫穷的家境也如实告知。姑奶奶说:“你真爱他吗？”我说是的。姑奶奶说:“那就行了。瞅见这小伙子对你还是非常用心的。”有了姑奶奶这句话，我才决定嫁给他。

可我仍然不解，肥与瘦是怎么回事呢？是指富贵与贫穷吗？

再次带着男友去见姑奶奶时，她瞅着我俩说，肥指日子好，瘦指日子差。虽没太多钱，只要彼此感觉幸福，日子就是好了。姑奶奶的话让我明白一个道理，好日子、差日子与钱财多少无关，它是夫妻双方的内心感受。

婚后，贫穷打败了爱情，我才真正体会到“人比黄花瘦”的坏日子的滋味了。婚前恩爱无比的老公，在婚后却像变了一个人似的，斤斤计较，心胸狭隘。

他挣钱不多，却在鸡毛蒜皮的事上都爱同我较真，尤其在经济上，我俩泾渭分明，谁也不花谁的。

我认为，老公是男人，男人就得担当起家庭的重任。可老公执意让我将自己微薄的薪水省出一部分，补贴家用。

同老公再次为钱的事争吵后，一气之下，我去了乡下的表姐家。

见到表姐时，她正和表姐夫顶着烈日，在她家房子后面的棉地里施肥呢。那些长长的棉苗垄，有的长势茂盛，有的长势瘦弱。对于长势差的棉株，表姐夫负责追肥，表姐负责浇水。天气热，表姐的衬衣全部汗湿黏附在了身上，她却一点怨言也没有。

看到我，表姐很高兴。让我在树荫处歇着陪她一会儿，她忙完活，就和我一道回家做饭。

表姐边干活，边同我聊天，而表姐夫却去了另一垄地施肥。在各自成家后，我和表姐关系最好，无话不谈，只因表姐最懂我。得知我同老公争吵的事后，她的眉头微蹙了一下，埋怨我说：“并不是每个男人都强大到能为自己的女人撑起一片天，有些男人很弱小，他甚至需要你的支持与帮助。”

随后，表姐又指着一垄垄的棉苗说：“男人如这些棉苗，长势有参差不齐的地方。长得茂盛的，土壤肥料充足；长势差的，肥料缺乏。作为女人，选择了一方土壤，就选择了一种生活。遇上长势不好的棉苗，你得给它追施肥料，才能拥有富足的生活。”

表姐夫承包了几十亩荒地，将其开垦过来，种上了棉花与水稻等农作物。每天忙得没有休息的时间，而表姐既要忙家务，有时，还要出去和表姐夫一道忙农活，可她一点怨言也没有，反而觉得这样的生活虽忙碌但充实幸福。

从表姐家回来后，我懂得该怎么做了。选择了老公，我就选择了和他共患难，我给他所有能给的养分，他给我所有能给的幸福。

从那以后，我不再埋怨丈夫挣钱少，也不再心疼为家里付出的那点薪水，而是利用业余时间码字挣钱，竭尽所能帮助他，减轻家庭负担。令我深感欣慰的是，就在我全心付出后，老公竟然对我也变得体贴、关爱了，也不再斤斤计较，而是将自己所有的薪水都交由我保管。他说，他的人和钱都是我的。听了这番话，我非常感动，这还是那个以往在经济上和我锱铢必较的男人吗？问到他时，他说：“你都给了我这么大的帮助，我还跟你计较，还是人吗？”

给婚姻施肥料，就是在事业上，给对方搭把手，全力支持他（她），提供你所有的帮助，也就是全身心付出了。

而有些女人，嫁给丈夫后，既害怕吃苦，又不乐意吃亏，不愿付出，只爱享受，其结果是贫穷的家庭变得更穷了。于是成天唉声叹气，怨气冲天，却不想同丈夫携手努力，想必这样的家庭一定不会和谐，彼此也得不到美满与幸福生活。

有女人说："谁说我没付出呢？我每天上班工作、下班带孩子，做家务，辛苦得要命，只为了让他安心工作，可他钱挣不到多少不说，还嫌我唠叨同我争吵，这日子简直没法过。"

试问女人，你的付出是心甘情愿的吗？你的唠叨一定是带着牢骚满腹、怨气冲天吧？有人说："良言一句三冬暖，恶语伤人六月寒。"带着怨气的唠叨，虽不似恶语那般伤人心，但听着也会令人心情不快，跟不付出又有何区别呢？你的付出本意是想为他分担点压力与重任，让他得到轻松、快乐，可你的唠叨却毁了这一切，让他的心快乐不起来，这不等于做了无用功吗？因此，女人在付出时，也要管好自己的情绪和嘴，任劳任怨去做事，用鼓励的话语激励他，用开心的话语温暖他，彼此还会有争吵与不快吗？男人一定会感恩你的美德与真心付出，还你一份幸福快乐的生活。这个幸福与钱财的多少无关，而是发自夫妻双方的内心。

两个人走到了一起，就要做好永结同心，不怕苦、不怕累，共同经营好家庭的准备。

在物欲横流的社会，相信有些女子直到走进围城，都没做好这样的准备。邻居夫妻有个二十多岁上大学的女孩，家里仅有此一女，平时娇宠得厉害。从小到大，女孩都没有帮父母做过一丁点家务，只因，夫妻俩不让她做。每年的寒假，女孩回到家中，每天早晨都是睡到近十点才起床，随后，连梳洗打扮也懒得做，在水龙头下，随便用手抹把脸，就去餐厅吃母亲从市面上给她买回的早餐。

一日上午，我同夫妻俩在客厅聊天。聊到现代的女孩婚后是否会做家务的问题时，邻居女人说："现在还有哪个女孩做家务、做饭啊？婚后都是男人做。"邻居女人的一番话让我这位养了儿子的母亲心里很不是滋味。不是心疼儿子今后在婚姻中要养家糊口，还要进得厨房，成为无所不能、无所不做的模范丈夫，而是担心我们下一代人的婚姻问题，过惯了衣来伸手、饭来张口生活的他们，能挑起家庭的责任与重担吗？毕竟，责任不是哪一方的事，而是夫妻双方共同的义务，他们需要共同付出，婚姻的小船才不会倾覆。可如今的男孩与女孩，又有多少人会做家务，会共同承担家责任呢？毕竟，家是两个人共同的，在另一半工作时，你不可能仍然等着疲累了一天的他（她）来做家务吧？

爱，是付出，是给予，是舍得给贫瘠的婚姻之土撒把肥料，待爱情的大树蓬勃生长时，女人还会说自己人比黄花瘦吗？幸福在自己手上，夫妻二人彼此都舍得付出，还会有什么过不去的坎？走过坎，就会是好日子，幸福正招手等着你们。

西瓜与哈密瓜砸头，谁更疼

一次和丈夫为一点琐事争吵起来，吵完，彼此坐在沙发上生闷气，谁也不理谁。四岁的儿子跑来跑去，一会儿拉拉丈夫的手，一会儿又拉拉我的手，他想将我俩的手放在一起，让我俩和好言欢，却怎么也办不到，最终“哇”的一声哭了。那一刻，我知道儿子受到了伤害，只是将他紧紧搂在怀中，却不知如何安慰他。随后的日子，和丈夫仍然会有争吵，只是比以前要少了很多，直到儿子上了小学。

有一个周末，正督促儿子做功课时，儿子忽然抬头问我：“妈妈，我考考你，用哈密瓜与西瓜砸头，哪个更疼？”原来，他是刚看过一本脑筋急转弯的书，才想到要给我出题的。我想，西瓜皮脆，砸在头顶上，虽会伤头，但西瓜会四分五裂，疼痛应该小些；哈密瓜皮有韧性，要拿刀才能切开，即使砸得头破血流，它也不易碎。于是，我不假思索地回答：“哈密瓜。”儿子严肃地更正：“不对，是头。”

得到正确答案，我目瞪口呆。哈密瓜与西瓜的较量，怎么疼的竟然是两者之外的头呢？

想到去年和丈夫的一场战斗。那天我们吵得很凶，谁也不让谁，大有要将战斗进行到底的架势。儿子一会儿劝劝这个，一会儿劝劝那个，不停地哭诉“别吵了，好不好？求求你们，别吵了！”

儿子的哭诉并没令我们平息战火，我们反而吵得更凶了，甚至，不顾儿子在场，动起了手。

那个晚上，我们全都没有吃饭，最难过的要数儿子，他将自己关在房间里不出来。

一连数天，我与丈夫进入了冷战阶段，谁也不肯服输，谁也不愿让步。在家里形同仇人的两个人，一点小事，都足以引起硝烟弥漫。儿子说话、做事也变得小心翼翼，唯恐一不小心引燃战火。

长久的争吵，导致儿子情绪低落、自闭，上课分心，成绩一落千丈，期末考试考得一团糟。害怕我们责怪他，竟然离家出走了。

醒悟了的我们，找到儿子时，他正在民警室。任我们怎么劝说，儿子都不愿跟我们回家。他哭着说：“都是我不好，我不该来到这个世界上。”我和丈夫这才意识到，儿子受到了莫大的伤害，我和丈夫都哭了，拥着儿子发誓，再也不争吵了。

要知道，我们争吵时，儿子成了头，我与夫的对垒就成了西瓜与哈密瓜。只为了比谁更强，彼此砸向我们的儿子，儿子早已被我们砸得伤痕累累，头破血流，我们却浑然不觉。我俩较量时，我的儿子最疼！

所幸悔悟及时，才避免了更严重的后果。倘若，儿子有个三长两短的，这辈子我们都无法原谅自己。

老公有位表姐，年近奔五的年龄，可有件事一直在她心里至今都无法释怀，虽然这事已经过去了近二十年，可她依然记得，内心为此事常常痛悔着。同我一起走在街上时，每每见到二十多岁的青年，她都会侧目看几眼，叹息着说："要是我的心儿活着，也有这么大了。"

表姐与前夫是自由恋爱结婚，婚后一年，很快有了儿子，他们夫妻俩给他取名心儿，意为他们夫妻二人的心头肉。前夫家境并不算好，婚后，又逢其婆婆病重，住院治疗花了一大笔钱，结果是人财两空。而这些钱都是向亲戚朋友东拼西凑借来的，此后，夫妻二人的日子过得紧巴巴，再加前夫下岗，一下子失去了经济来源，生活陷入困境，两人的争吵也不断出现。吵到严重时，相互间的指责转变成了辱骂，于是，夫妻二人变得日益冷漠与仇视，谁也不愿意照看年仅一岁的心儿。此时的心儿，已成为了他俩都想扔掉的包袱，直至一天，夫妻俩又争吵后，负气的表姐再次离家出走，表姐夫在表姐前脚刚走，随后也走了。唯剩年迈的爷爷安抚着撕心裂肺哭泣着的心儿。也就是在他们夫妻相继离家的那一天，他们的心儿不小心掉进屋前的一口水塘淹死了。得知消息后的表姐连夜赶回家，抚着心儿小小的尸体，悲痛欲绝。当然，她和表姐夫的婚姻也走到了终点。表姐离婚后，好长一段时间都神情恍惚，她想着她的心儿，每天都生活在伤心的自责与痛悔的泪水中。直至第二年，经人撮合，她和邻镇一光棍结婚，可仍然难以走出失子之痛。她的第二个男人，见她每天都神情恍惚，每天在黄昏时分就念叨着她的心儿，并自言自语地说着一些他听不懂的话，于是开始打骂她。实在忍受不了，伤痕累累的表姐跑回娘家。连续几次后，她父母也非常气恼，索性劝她一纸离婚诉状告到法庭，几个月后的庭审，表姐同第二个男人便再也没了瓜葛，此后，表姐便长期住在娘家。在父母的精心调理下，她很快走出伤痛，精神状态也变得很好。她还在街边摆了小摊专卖烟酒等副食。此后的她，直至今天，都没有再嫁。只是所有人都不能谈到她的心儿，否则会勾起她伤心的往事，人会变得颠痴。倘是她自己提及倒没事。我就是从她断断续续的讲述中，渐渐知道了她悲惨的经历。

孩子意外溺亡，均因为他们夫妻俩争吵，没有尽到监管孩子的缘故，给自己留下了终身的伤痛与遗憾。如若表姐的孩子没有溺亡，她也不会成天神思恍惚，而遭第二任丈夫遗弃，从此对婚姻失去信心，而情愿孤独终老。家庭不和谐，无论是对孩子，还是对自己，其伤害都是巨大的，有些伤害甚至大到能毁灭一切，包括自己身边的亲人。

多年前，小镇发生一起特大凶杀案。有一对年轻夫妻经常因生活琐事而争吵。在又一次争吵后，妻子实在忍受不了了，离家出走，这一走就是大半年没有音信。丈夫在岳父岳母家来来回回跑了无数遍，可他不仅没能打探到妻子的消息，还遭受到了岳父母的冷遇。一日，男子从他人口中打探到妻子已从外地回到娘家的消息后，立刻赶往岳父母家。他想让妻子同自己一起回家，没料，妻子死活不愿意，夫妻二人在拉扯中又发生了争吵。岳父母也参与其中帮着自己女儿说话，男人一时怒起，竟然用斧头劈死了岳父，岳母和女儿吓得掉头就跑，他追上，用斧头相继将她们砍死了。听到外面闹得厉害，来老姐家玩的姨娘不明所以地欲出来看，脚刚迈进房门，就被杀红了眼的他砍死了，血流了一地。在摇篮中被吵闹声惊醒的妻子侄儿，哇哇哭叫，此刻已变成杀人恶魔的他，竟然举起婴儿，将其摔死了。在连杀了五人之后，天色已晚，他跑回家给老父亲写了一封遗书。随后，拿出一根绳子，一端悬挂在房梁上，一端缠绕在脖颈上，在历经一番天旋地转的窒息后，失去了知觉。当他醒来时，是在医院病床上。经不住老父亲的仔细盘问，他才如实说了自己的罪行。那一刻，老父亲已是老泪纵横。他哭着劝说儿子赶紧去投案自首。

当五具尸体被人一一抬出的刹那，在场的所有人都哭了，他们不明白夫妻间到底有多深的仇恨，要致伴侣和她身边的亲人全都受到杀戮。连一岁的婴儿也不放过，是人性的缺失吗？那也未必。人在冲动时，就会变成魔鬼。而这些冲动，除了与自身的自控力差有关外，还与平时在婚姻生活中经常争吵而频频受到的抑郁情绪有关。

当夫妻之间因一丁点小事吵架、斗气时，它不仅伤到了自己，更伤到了孩子与伴侣身边的亲人。这就是西瓜与哈密瓜砸头的答案，它疼的却是两者之外的“头”。这“头”就代表着我们无辜受伤的亲人与孩子。

凭什么他要爱你

曾见过几对离婚的夫妻，在和他们的谈话中，大多是一方倾诉另一方无法原谅或忍无可忍的罪行，如妻子拜金、挥金如土、同人暧昧，丈夫懒惰自私、不做家务、挣钱少不够家里花销、家暴或是在外有了第三者，等等。总之，离婚的原因种种，对方的缺点很多，却很少有人在自己身上寻找原因。相爱不是一个人的事，当然，夫妻情断义绝，家庭瓦解，也并非一人酿成。

几年前，有位文友离异了，谈到她男人，她满眼都是仇恨的火花。如不做家务，不允许她参加各种文学活动与同学聚会，工资不愿上交，家里的开支一切都靠她那点微薄的薪水顶着，她一日三餐侍候着他，如侍候皇上一般，男人还动不动就朝她发脾气。不是看在孩子的分上，她早就和他离了，拖到今天，是因为，日子实在难以过下去了，只因，男人不仅冲她发脾气，甚至，还动手打她。

文友的倾诉，令我义愤填膺，世间竟有如此渣男？太不可思议了。这种男人还是早早地离了好，走遍全国，也找不到几例如此糟糕的婚姻吧？我非常赞同文友的做法，并在暗中关注文友和她前夫的生活。文友离我家不远，她是一位非常优秀的女人，有一份稳定的工作，事业编制，琴棋书画无所不能，文采出色，大小报纸上经常刊载她的文章，是方圆几里的大名人。除做得一手好饭菜，人也漂亮，从里到外都散发着温良贤淑与气质均备的光彩。而其男人却相貌平平，工作不是太好，挣钱也不多，能娶到如此优秀的女人，竟不懂得珍惜。我为文友心有不甘，看到她一人拖着孩子既要工作，又要写稿，很是辛苦，便在心里盼望着她前夫能悔过自新后，珍视夫妻感情，两人和好如初。

令我和文友没有想到的是，男人居然很快就结婚了。估计结婚的女人就是他婚内出轨的对象，当文友偷拍到他们夫妻俩的照片拿给我看时，我彻底懵了。女人长相难看，一脸沧桑，而且还比男人大八岁，不知情的人还以为是男人的母亲。据说，女人是男人单位的临时工，两个十多岁孩子的母亲，哪能同年轻漂亮、文采飞扬的文友相比啊？

文友将照片给我看后，讲述起了听闻的相关故事，情绪竟然变得非常激动起来。她指着照片对我说："他要找个比我漂亮、比我优秀的女人，我也就心服口服地祝他幸福了，可你看看，竟连比他妈还老的女人也要！"

此时的文友早已顾不得女性的温柔与一个文人的形象，粗俗地骂开了。骂到最后，发现事实已无法更改，便叹息一声说："我也同样祝他幸福！"

其实，我知道文友此刻的愿望恰恰是相反的，从她紧咬的牙关与颤抖着的嘴唇，我可以看出她的愤怒与仇恨。对一个恨得如此深的男人，不杀了他就不错了，怎会轻易祝他幸福呢？

男人真幸福了吗？因为离得近，我便从四邻那里可经常打探到男人与现在女人的婚姻。现在的男人像变了一个人似的，在家里拖地、做饭，工资全部交给女人，甚至，他还在想着要买一套宽敞些的房，以方便女人的孩子们经常过来玩。对女人，他可是好得没有话说，夫妻俩经常不顾他人的眼光，手挽着手，在大街上散步。这段不被他人看好，甚至，一直在文友“祝福”中的婚姻，直到现在，历经六年的时光，竟然一如既往地真正幸福着。这真是一件非常奇怪的事。

后来，一位朋友宴请，我和男人居然坐到了同一张饭桌上。女人因有事没来。也许对于男人的再婚充满着好奇的不仅只有我一人，在酒酣耳热之际，席间，同男人关系要好的朋友，坦率地询问了他为何要娶一个大自己如此多的女人。

男人并不介意朋友的直截了当，猛喝了一口酒后，便如实讲起了他前后两段婚姻。

他说，从外表看，现在的妻子条件确实比前妻差远了，可他觉得同这个女人过，才是真正地舒心。

他娓娓讲述着，罗列了前妻的几条不可饶恕的罪状，如前妻高傲，从不屑于同他说话，还说他的话既粗鲁又难听。可他一直都是这么说话，婚前与结婚之初，怎么就不认为难听了呢？前妻仗着自身条件比他优越，就处处瞧不起他，更瞧不起他乡下没有文化的父母与两个姐姐，在他们遇到困难时，甚至都不肯借钱帮助他们，他不得不将薪水偷偷积攒起来，孝敬父母，甚至帮其中一个生了大病的姐姐渡过难关。

“每天晚上，她都是坐在电脑前，写啊写的，几乎很少有时间理会我，有时想同她套套近乎，她会横眉冷对，而对网上的那些文友、编辑，竟是异常热情。在不写稿时，情愿同他们闲聊，也懒得关注我在干什么。我孤单、寂寞的心，恰被单位临时工云姐，也就是我现在的妻子看在了眼里。她无微不至地关心我，同我聊家庭，聊生活，甚至，就连我俩的兴趣也都一致，我爱好打麻将，她也爱好，但会提醒我，不要沉迷，我爱好买彩票，她居然也爱。我喜欢吃辣椒，本不吃辣椒的她，竟也学着我吃。看着她辣得一脸汗水加泪水的模样，便觉得她比我那冷面、漂亮前妻可爱温柔多了。无论我做什么事，她都非常认可，即使意见不同，她也不会大声反驳，而是会提出她的想法与意见。前妻可不同了，她可不是什么省油的灯，什么事没听从她的，立即大发脾气，别看她外表温柔，发起脾气来，简直似一头母老虎。我前妻同我说话，从来都是贬损，而现在的妻子，时常会以仰慕的眼光看着我说‘我爱你，亲爱的，一切都听你的好了'。同现在的妻子在一起，我才真正感到开心与放松。因为同她在一起感到幸福，所以，我会心疼、体贴她，家务上从不让她插手，工资交给她，想买什么，任着她好了。只因，她爱我，我不能让一个爱着我、崇拜我的女人，跟着我吃苦受累，我得给她幸福！”

听完，一个渣男的形象在我脑中瞬间升级为责任心强的好男人。相信，在场的所有人，都同我一样。一直因文友而对他有着仇视心理的我，竟然也朝他点头微笑了。

一个男人凭什么爱一个女人，只因，女人更爱他，愿意迎合他，让他过得舒适、自在与开心。真正过日子，他不会在乎一个女人的外貌与事业。众多离婚事例证明，不是女人多优秀，男人就有多爱她，婚姻就有多幸福。相反，那些相貌平平，各方面并不出众，把男人当神捧的小女人，才将夫妻之爱演绎得幸福如蜜。

结婚十五载，女友玲玲和丈夫不仅从未争吵过，而且，还如结婚之初那样恩爱甜蜜。

丈夫无论出差到哪儿，都会首先给玲玲打电话。有时，他打起电话来，像个恋家的孩子，聊起来没完没了。每次回家，丈夫都会抢着帮玲玲做家务，唯恐玲玲累着。玲玲患了感冒，丈夫会比玲玲还恐慌，非得拉着她上医院，量体温，验血，回家还帮她煲红糖生姜茶。分别一日或两日，丈夫必定会打电话告诉她，很想她，又问她，喜欢什么样的首饰与服装。玲玲女同事笑着说：“你家那位比新婚那会儿还黏人。”玲玲无可辩驳而幸福地笑着。其实，让男人的心永远属于你，也需要技巧与智慧。

尽管玲玲和丈夫已属老夫老妻，但她仍时常注重在他面前创造新奇。

她不仅注重打扮自己，更注重内心的修养。在闲暇的时间里，玲玲会花更多时间在读书、看报上。于是同丈夫交谈时，她的思想睿智，见解独到，丈夫用崇拜和敬意的眼神看她说：“咦，没想到你还懂这么多？”玲玲便特自豪。

玲玲和丈夫的兴趣爱好相同。其实，结婚之初，他俩的爱好是大相径庭的。晚上，丈夫爱看球赛，而玲玲则爱网上聊天。夏日黄昏来临时，玲玲爱到泳池游泳，而丈夫却爱散步。很多时候，他俩都各玩各的，很少聚在一起说话聊天。那段时间，感觉到彼此都陌生了不少。后来，玲玲改变自己，晚上少上网，而是端坐于电视机前，陪丈夫看球赛。看不懂的地方问他，慢慢地没几天，自己竟然也成了球迷，和丈夫肩并肩地依偎在一起，为着自己喜欢的球队们加油、呐喊。兴奋得得意忘形时，甚至，会将手拍在对方肩上，大声叫好。那场景，他俩似乎是感情深厚、情同手足的铁哥们。为了回报玲玲，黄昏时，丈夫不再独自散步，而是陪她去学游泳。曾是一只“旱鸭子”，见水就怕的家伙，竟然也会蛙泳、自由泳，在水中憋气三分钟。

而最重要的是，玲玲平时对他关爱有加。她会记住丈夫喜欢吃的每一道菜，上网查菜谱后，特意做给他吃。她尊重丈夫的个人隐私，从不涉足他的私人空间，如丈夫的电话，她从来懒得查看或偷看。丈夫爱她，行动已能证明，何需去探秘，自寻烦扰？

丈夫常说她有一颗进取、关爱与善良的心。

我想，如果每个女人都拥有了这样一颗心，没有哪个男人不爱吧？

男人爱的女人不一定是优秀的女人，但他爱的一定是懂得理解男人并且爱着男人的女人。被众星捧月惯了的优秀女人，可别忽视了身边人的爱，要低下身段，懂得抓住身边的幸福。

怕老婆的男人

有些男人在外面趾高气扬，脾气很臭，回到家，对待自己妻子却好得没话说，轻言细语，无微不至，唯恐得罪她；而有些男人在人前和颜悦色，在权势面前点头哈腰，回到家，在妻子面前却是颐指气使，动不动就发脾气。这种男人既可悲，又可恨，在外不如意，便将脾气全部撒在身边人身上，是最懦弱与无能的表现，他不配拥有妻子的爱，不值得妻子为这个家辛苦操劳着奉献出大好青春与毕生年华。

有人说:“你宁可得罪全天下的人，也不要得罪自己的老婆。”老婆是与你同甘共苦的人，是将要与你生活一辈子的人，更是需日日面对的人。她顶着失去生命的风险，忍着分娩的疼痛，为你生儿育女，并辛苦养育他们，还为你操持着这个家，是你不花钱雇用的免费保姆，你不好好对待她，却忍心伤害她吗?

别看女人肯心甘情愿地为你付出，那是因为她爱你。女人都是特别容易记住仇恨的高级情感动物，如果你得罪了她，她势必会让你加倍地偿还，你往后的日子别指望还能过得和谐、安宁了。女人一旦生气，就是有十头牛，也别指望制伏她。何况，女人是用来疼的，不是用来斗气的，要想家庭和睦幸福，必须要好好善待你的女人，你对她的好，她会全部返还到你的父母与兄弟姐妹身上。所以，无论什么时候，男人的心胸都要足够宽广，要让着自己的女人。“让”不是一种怕与畏缩，它是对妻子的尊重与认可，妻子高兴了，你在家也就如掉进了蜜罐里，夫妻携手同心，还有什么不能解决的难题吗？单位里就有这样一位同事，谨防涉及他人隐私，男主角用化名。

董明是位脾气怪异的男人，生起气来，谁都敢得罪，同谁都敢吵，无论是自己上级，还是客户与同事。

因此，他工作了十多年，仍然只是位小小的科员。眼看着身边的同事、下属都提拔成了科长、局长，成了自己的上司，而自己却仍在原来的工作岗位埋头苦干。

见昔日的同学、朋友都有了小车，装修豪华的房子，而自己一家三口却蜗居在父母不足六十平方米的老房子里，妻子心里有些怨气。怨气无处发泄时，就冲着他开火。

董明从来不生气，在妻子的痛骂声中，仍笑嘻嘻地逗老婆开心：“老婆，你知道我的耳朵为什么这么大吗？这都是被你骂出的茧皮堆大的呀！”

老婆被他这么一逗乐，再也生不了气，竟然笑出了声。

谁都知道他在单位是有名的火药筒，一引即爆，谁敢对他大着嗓门说句话，他立即同人吵起来；看不惯的事，拍桌子骂人，管他是哪路神仙，骂了再说。对老婆却是恭恭敬敬的，卑微得像个奴仆。纵管老婆再蛮横无理，也没见过他生气，骂过人。老婆所交代的事，必用心做好。下班，同事们约定去喝酒时，唯独他急急地往家里赶，还将工资分文不少地上交给老婆。

为单位员工福利问题，他同上司吵起来了，并且吵得相当激烈，上司瞪眼，粗着嗓门吼，他也不甘示弱地拍桌子。为此，上司以不服从工作安排，扣发了他好几个月奖金，还要他停职反省。

老婆得知消息后，指着他鼻子了骂："我见过傻，还没见过你这么傻的。你以为你是谁啊？还敢同上司干仗？"

那天，老婆就一直骂着，数落着。他懒得理会，坐在沙发上打开电视看球赛。

老婆见他还有心情看球赛，愈发生气，上前"啪"的一声关了电视，做出一副吵架的样式，双手叉腰对他说："你不是会吵吗？怎么不吵啊？"

他站起来，捂着耳朵，边往卧室走，边说："好男不同女斗，求你饶了我吧！"

老婆一把拽住他说："你赶紧去向人家赔礼道歉，写份检讨，尽快恢复工作，否则，我同你没完。"

他很认真地对老婆说："老婆，我不敢同你吵，你也别逼我。"

老婆不解地问:“怎么同我就不敢了？”

他笑了笑说:“得罪上司，我只是失去一份工作，工作没了可再找；得罪客户，也只是失去一份订单；而得罪老婆你，我却会失去所有的幸福，所以，我不敢同你吵啊！”

“哈哈，明白就好！”那一刻，老婆得意地笑了，一脸愠怒的脸色忽然变得好看起来。她再也不逼着他去道歉、写检讨了，而是紧紧地拥着他说:“那你赶紧重新找份工作吧！不相信离开了这儿，咱们就能饿死！”

男人笑着拿出一纸聘书说:“工作的事不用愁，有家上市公司的总经理早已看上我了，并且签下了用工合同，周一就能上班了。”

那刻，女人也笑着说:“太好了，咱以后也不用受那狗屁上司的气了。”说完，夫妻紧紧相拥。一场即将暴发的家庭矛盾在男人的忍让与“怕”中圆满结束。

唯有怕老婆的男人，才是真男人，可又有多少男人懂得？这个“怕”不是真正意义上的害怕，而是尊重的意思。男人尊重女人，必能赢得女人的尊重与爱意，还有心甘情愿的付出。

首先，怕老婆的男人，家庭一定是和睦、团结的。一个小家庭牵涉到一个大家庭，在大家庭里，有双方父母以及兄弟姐妹，如何处理好这些关系，不仅属于一门学问，更需要夫妻双方的真情付出。如果你得罪了女人，势必会影响到女方家人对你的认可，甚至会引发误解与冲突。毕竟，每位父母都希望自己的女儿嫁过去能过得开开心心、舒舒坦坦。你让他们女儿不高兴了，岳父母心里能舒坦、自然吗？至少，他们会对你存有隔膜与偏见了吧？女方兄弟姐妹也同样如此，自己的姐姐（或妹妹）嫁过去，受人欺负，他们心里好受吗？指不定他们已经密谋好了替她出这口气的准备。你得罪了妻子，想必她气得想杀了你，在面对你的父母与兄弟姐妹时，她的心情能好吗？没有好的心情，你也别想着她还能诚心对待你的兄弟姐妹与父母。你在她心里种下的蛊，她会返回给你的父母及兄弟姐妹，于是，一大家子人都开心不起来。

其次，怕老婆的男人更聚财，夫妻俩的日子也红火。一般女人心思细腻，善于打理家庭经济。怕老婆的男人，他会将工资分文不少地交给妻子打理，妻子再进行合理安排，如除开家庭日常开销、孝敬双方父母，以及供孩子上学的钱，余下的钱均存进银行。这样，日积月累，竟也有了一笔不菲的积蓄。

怕老婆的男人没有不良嗜好。在老婆的管束下，他们不抽烟、不酗酒、不嫖赌，一心一意赚钱养家，是人人羡慕的好男人。

怕老婆的男人少了操心的烦恼。大多男人怕老婆的家庭，都是女人当家做主，女人说什么，男人依照吩咐去做就行了，他们很少为家庭生活琐事而操心。故他们活得洒脱、单纯，上班时工作，下班了什么也不用想，看一会儿电视，间或给女人帮下厨，打个下手，就等着香喷喷的饭菜上桌。什么七大姑八大姨的人情往来，亲朋好友红白喜事的份子钱，孝敬父母，帮助兄弟姐妹等生活琐事均是女人操心，而自己却落个清闲，何乐而不为？

怕老婆的男人有个幸福晚年。怕老婆的男人大多家庭和睦，夫妻恩爱，子女成长在这种温馨的环境中，也会受到良好家风的熏陶，在对待伴侣与子女时，也会多些体谅与温柔。如此，整个家庭一片和谐，很少会有争吵、斗气等情况发生。曾记得有人给我介绍老公时，我对他家情况一无所知，对他也了解得不多。父亲非常关心我的婚姻大事，在我还未去过男方家的情况下，率先骑着单车去未来公公婆婆家附近进行暗访。暗访的结果是，不能嫁给他。我询问理由，父亲说："他们父母关系不好，喜欢争吵。"我不相信父母争吵能成为子女婚姻的障碍，不顾父母反对执意要嫁给他。只因，我不认可父亲对我叨念着"有其父必有其子"的婚恋逻辑观。可当我真正融入老公这个大家庭后，才发现大家庭的不和谐无刻不冲击着我们这个小家庭，影响到每个人的心情。可见上一辈人的婚姻是会对下一辈的婚姻造成不良影响的，它能使整个大家庭难以和谐，父母享受不到幸福晚年，子女也会很痛苦。

怕老婆的男人是个宝，他们有助于整个大家族的团结，有利于子女的成长与教育，更有利于自身幸福。

为爱示弱

男人都有保护弱小的天性，却不喜欢过于强势的女人。哪怕这个女人包揽了一切大小事务，让男人事事省心，却难以换来男人的欢心。只因强势的女人，得不到男人的心，也就得不到男人的关爱。

男人会认为，你如此强大，还用得着他来呵护吗？你的强大，甚至会被男人认作竞争对手，事事与你较真。看看，这就是大多精明能干的女子，不一定有美满幸福家庭的缘故。女人要学会关爱自己，让深爱的人更爱你，便要在适当时候示弱。示弱并不是懦弱的表现，而是以一种弱者的可爱博得丈夫的怜惜与关爱。那些不懂示弱的女汉子，用自己的辛劳培养出一位懒丈夫，注定要委屈一辈子。

杜红无所不能。在家，不仅烧得一手好饭菜，女工、待人接物样样精明能干；在工作上，更是无人能敌的佼佼者。拿着高于丈夫的薪水，干着比丈夫多的活。

因此，杜红一年四季都是忙碌的，忙完公司工作，回家又得做饭、刷碗、洗衣、拖地、照顾孩子……忙得不亦乐乎。丈夫想帮忙，都插不上手，便索性坐在沙发上，打开电视，看着她忙前忙后。

长此以往，丈夫便养成了一种惰性与依赖思想。下班回家，往沙发上一躺，等着杜红做好饭菜，端上桌，任何家务也不愿沾手。吃完饭，筷子、碗往桌上一撂，叼支烟，跷着二郎腿看电视，杜红则如保姆般，忙前跑后，拾掇半天。

太累时，杜红也有怨言，冲他生气，希望他能帮帮自己。埋怨了半天，丈夫才极不情愿地来了。听从杜红安排拖地，拿着拖把，如写大字般，在地板上胡乱划上一通，就算搞定。杜红一看，垃圾仍在原地，不曾挪过位置。于是，不得不自己重拖一遍。

偶尔，杜红也叹自己命苦，当年千挑万选，可嫁的男人，一点也不懂得疼惜自己，还责怪自己像个怨妇，成天唠叨，并一连好多天懒得搭理自己，出入跟个陌生人似的。那又能怨谁呢？是杜红的强干，宠坏了男人，亲手毁了本应得到的关爱与幸福。

在丈夫眼里，杜红永远是强大、能干的，任何事都无须自己操劳。直至有一天，她积劳成疾累倒了，丈夫才悲痛地意识到，杜红也有脆弱到不堪重负的时候。可后悔已晚，杜红再也没有起来。

女人，在深爱的人面前，适当示弱，不会让男人轻视你，反而让你变得更可爱，更有女人味，令男人更疼你。

女人不要辛苦了自己，还得不到男人的好感与怜惜，要学会智取男人心。如何智取呢？

首先，女人要做到不与自家男人争强好胜。偏偏有些女人较优秀，便自以为是地指责丈夫，这也没做好，那也做得不对，弄得丈夫这也不是，那也不是，便索性懒得做。有位妻子下班回到家，看到丈夫正在厨房里洗菜、切菜，准备做晚餐。丈夫第一次做饭，显得有些笨手笨脚，洗锅、倒油，准备炒青菜。由于锅内的水滴没有烧干，油中混入了水，炒锅内的沸油便热闹异常地炸开了，除了发出“噼里啪啦”的响声，还将热油溅得到处都是。丈夫从没见过如此场面，一时手忙脚乱。刚巧，下班回家的妻子看到这一幕，一边责怪他这点小事也不会做，一边将洗好的青菜倒入锅内，热油的炸响声立即停止。随后，妻子炒菜、做饭、煲汤，不容丈夫有半点插手的机会。瞅见自己也帮不上什么忙，妻还嫌他站在那里碍手碍脚，一脸尴尬的丈夫便索性坐在沙发上去看电视了。他本想着是让辛苦了一天的妻子好好休息一会儿的，不料，妻子却根本不领这个情，嫌他做事笨手笨脚，责怪他不会做饭等，丈夫的心冷到了冰点。从那以后，他再也不会给妻子做饭了，而是专等妻子做好饭菜侍候他。男人懒惰的性格就是女人用强势与能干如此养成的。在男人面前争强好胜的女人，自以为很聪明、很优秀，不屑于男人的付出，她们斤斤计较，锋芒毕露，又咄咄逼人，处处显示自己强过男性，严重伤害了男人的自尊。可男人真正撒手不管了，她又因忙而怨气满腹，让男人反感。如果女人都和男人一样能干，男人便觉得他的存在没有多大意义了，于是，夫妻间产生隔膜，丈夫对你敬而远之。在男人面前逞强是一种错误的做法，这不能显示你有多聪明、多能干，反而会让你身心俱疲，毁了幸福。

要学会小鸟依人。“弱”是一种威慑力，男人会将强势女人视为对手，却无法不疼惜柔弱温存的女人。学会小鸟依人，就是要学会表现自己的弱点，学会撒娇。前几日，我去县城办点事，路上偶遇很多年不见的初中女同学。在初中时，这位女同学与我关系非同一般，很多时候到熄灯就寝时间，趁宿管员走后，为了方便聊天，便挤睡在一张床上。从家里带来的零食，自然也从没分过你我。

后来长大，因生活的颠沛流离，便失去了联系。老同学相见，分外高兴。她非得拉着我去她家里坐坐。那时，我才知道，她搬来县城居住已经有好几年了。

此时，已近午餐时间。本想邀她在外就餐的，可她非得拉着我去她家吃，还说早已给老公打过电话，让他做饭。进到她家时，她老公正在厨房挥汗如雨地炒菜做饭。她使劲嗅鼻子，撒着娇说：“亲亲老公，好香啊，都做了什么好吃的？我都等不及，快饿死了！”她老公在厨房边忙边答：“快了，还有一个菜炒完就可吃了！你陪同学先说会儿话吧！”

她陪着我东拉西扯地说了些过去的趣事，她老公便将饭菜端上桌了。满满一大桌子，她用无比崇拜的眼神与夸张的表情，绕着桌子转了一圈，随后，在一个盘中拈起一条炸得香喷喷的小鱼，在手心来回倒腾两次，不是那么烫后，扔进了嘴里，边吃边叫嚷，真好吃！而她老公斜过来瞟了她一眼，用无比爱怜的语气说：“馋猫，也不知道先把手洗洗！”看着她老公如关爱幼儿园的小朋友般呵护着她，我心里羡慕不已。

饭间，她不停给我和她老公夹菜，说她老公很辛苦。吃到一半，她才发现自己爱吃的胡萝卜没有炒。老公也许是累了，不愿炒，她却放下饭碗，自己去了厨房。把胡萝卜切好，便在厨房嗲声着叫喊了：“亲亲老公，你快来，我真搞不定了，是先放油，还是放盐呢？怎么炒啊？”她老公再也坐不住了，放下饭碗去了厨房，还不忘点着她的鼻子说：“你咋那么笨呢？炒个胡萝卜丝也不会！”再看一眼所切的胡萝卜，不免又是一番数落，“你看这胡萝卜切得跟手指差不多粗细，还能称为丝吗？”女同学却是一脸甜蜜地发嗲道：“我要都会做，也不会嫁你了嘛！”女同学的话说得她老公无法不感动，就因为自己做不好，比他弱，才选择嫁给了他。在她心中，他就是强者，必须要负起终身呵护她的责任。这样一来，男人便处处以强者自居，要保护好自己的女人，让女人过好日子的责任感与义务感都会有了。

绝大多数没有责任感的男人，就是因为不懂得怜香惜玉。只因，他身边的女人足够强大到没给他一个显示强大的机会。

最后，女人示弱要适度，偶尔要强大。男人并非时时都足够强大，他会有困惑，也会有弱小到手足无措的时候，此时的你再向他示弱，必能引起他的反感，让他心烦意乱。因此，观察到丈夫心情不佳时，我们就要强大起来，认真听他倾诉，给出合理化建议，帮他化解难题。那时，他会对你刮目相看，在他眼中弱小的你并非一无是处，而是内心足够强大，足够优秀，只不过被他的强大掩盖住了。那时，他会更爱你。

女人与丈夫争强好胜，无论输与赢，最后受到伤害的都是自己。只因，你在丈夫心中，是对手的身份。学会示弱，并不是让女人怕男人，学会懦弱，而是让男人更自信，有强烈的自豪感。女人示弱，不是证明自己很弱小，而是给了男人足够的面子与保护弱小的欲望。

第六辑

幸福是智慧，也是品性

幸福不是谁天生就有，而是需要智慧与技巧，更需要持之以恒、不畏艰难地去追求。一个对幸福有着智慧认识，并有着执着追求的良好品性之人，才能拥有幸福。

不较真，接受另一半的不完美

幸福没有固定的标准与模式，它来自婚内男女内心深处的感觉。即使贫穷与劳累，你觉得婚姻是幸福的，它就幸福，即使有钱又有闲，你觉得日子痛苦、难熬，它就是不幸福。幸福存在于我们的心中，隐蔽在生活的每一个细节里。相爱的两个人，走进了围城，你中有我，我中有你，两个人本身就是一个不可分割的整体。倘若，你欲强行分开，斤斤计较婚内得失，求全苛备地讲道理，唯恐对方得利多，自己得利少，婚姻是不会幸福的。只因彼此没有谁对谁错，也不存在谁得到了，谁失去了，更不存在你输我赢或你赢我输，婚内只有迁就与包容。如果婚内的两个人非得分个上下高低，谁是谁非，势必会失去对方的心，将爱情逼入死角。远菊曾对我说过一句她记诵下来的爱情箴言：爱的世界里，太较真，温情便无处藏身。

远菊是一位比我大不了几天的好姐妹，也是我初中的同班同学，她就住在我娘家的那个村里。我上高中，她却早早辍学，几年后，父母为她招了上门夫婿，将她留在了家里。她和丈夫没有如村里的年轻人一样外出打工，而是承包了几十亩荒地，种植水稻与棉花。无论我从外地求学回家，抑或是工作回家看望父母，她都会放下田里的事抽空陪我聊天，临走时，还会塞给我一些土鸡蛋、黄豆、芝麻等农产品。而我每次回娘家，也会给她上初中的女儿包红包，或买些乡村难以买到的时令水果，我俩像是最好的姐妹。

在我眼中，远菊姐单纯善良得近乎傻气。

同丈夫结婚后，她便包揽了所有家务。很多时候，地里没活可忙时，她丈夫情愿垂着双手在家里无所事事地走来走去，却也懒得帮正忙碌做家务的远菊姐搭上一把手。

每次，他们夫妻俩共同忙完田地里的活回家，丈夫便坐在沙发上看电视，要不就是东家转转，西家转转，估摸着远菊姐的饭菜已做好，便回了家。回家后，共同吃过晚餐后，她丈夫又撂下筷子走人，去村口找人聊天说地，间或去会会几位相好的哥们儿，唯剩下远菊姐一人里里外外地收拾。

其实，远菊姐白天地里劳动也很辛苦，凭什么男人忙完回家，就可以当甩手掌柜，女人就得如黄牛一般地忙碌？同远菊姐闲聊时，我怨恼她丈夫的大男子主义。

远菊姐不仅不附和，反而替他分辩："男人就得主外，成天守着锅碗瓢盆有什么出息？"我为远菊姐思想上的陈腐落后，摇头叹气。

经济上，远菊姐又很少管钱，所有收入都交给丈夫拿着，自己想花时，再向丈夫伸手要。有时，遇上自己喜欢，而可买又不可买的东西，丈夫都很少赞成她买。偶尔，即使她想买，也因身无分文而作罢。

我怜悯远菊姐在经济上毫无自主权，憎恶她丈夫的吝啬小气。远菊姐却笑着替他说话：“这样也好，一年能省下很多不必要的支出，细细算来，可不是一笔小的费用，足有一万多元。只要我俩再坚持省五年，便能还清我母亲病重时所欠下的债了。”在对待双方父母方面，她常利用闲暇帮公公与婆婆收拾屋子、洗衣服，有时，还会从自家带去土鸡，煲汤给他们滋补身体。而对待自己父母，便没这么好了。有时看见父母喂的鸡要比自己喂养的壮实，便捉来给婆家送过去，而父母有、她没有的东西，只要瞧得上，都会搬回自己的小家，或送给公公婆婆。

我笑她什么都往婆家那边扒拉，典型的吃里爬外，远菊姐笑而不答。

一次，远菊姐又捞了母亲一只正生蛋的鸡送给病中的婆婆滋补身体，她母亲并没有不高兴，反而告诉我说，女婿常偷着给她们老两口塞钱，孝敬他们。每次一两百元，钱虽不多，可看着夫妻俩既孝顺又恩爱幸福就够了！

我联想到有些女人的婚姻，唯恐自己吃亏，事事和老公锱铢必较，于是，各怀心思，争吵有了，打斗也有了，闹得不可开交。

再看正忙碌个不停的远菊姐时，我从她满足的笑容与神态里，读到了一种幸福。这种幸福，是以宽广的胸怀换来的，而不是斤斤计较。事事较真的婚姻，必定不会幸福长久。

只因，两个人都较真，婚姻就会产生别扭；倘若彼此都胸怀宽大，心境开朗，整个家庭都会充满阳光，有了和谐的气氛，自然也就幸福了。

清晨，到一家小超市去买菜。那家小超市经营的菜品非常齐全，不仅有刚上市的新鲜蔬菜、肉类、佐料，甚至还卖喂养的活鱼、泥鳅、黄鳝等。男人开小型货车忙着给人整箱整箱地送货，小超市全靠女人一人打理。遇上买鱼的顾客要求将鱼杀死的，女人便更忙了。

那天，我买了些泥鳅，却不会杀。求女人帮忙时，女人二话都不说，如汉子般拿起装泥鳅的编织袋就朝水泥地上狠摔，摔了十多个回合，估计里面的泥鳅全摔死，女人才开始动刀杀。那锋利的刀口在泥鳅腹部游走，瞬间，两斤泥鳅全帮我杀得干干净净。从她摔与杀泥鳅的麻利劲儿，真看不出是一位长相秀丽的女性。

女人忙活完，匆匆洗了一把手，连钱还来不及收，就被另几名顾客叫了去。此时，男人送完一趟货，回到店里，看到新鲜的鲫鱼全都蹦到盆外，躺在水泥地面奄奄一息。男人朝着女人火道：“你都干了些啥？鱼全都跳到外面，也没捡进盆里。”遇到这种情况，倘若是我，非得冲他吼回来“这不都没闲着吗”？

令我惊讶的是，女人并没生气，而是回头微微一笑着对男人说：“你看见了，捡起来就行了嘛！我这会儿也好忙呢！”这时，男人心平气和地捡鱼，女人照旧忙着。

这样的误会在某些夫妻当中定是一场口舌之战，却被女人温柔化解了。只因，女人懂得用宽容去处理平常生活琐事，哪怕微小到一句话，女人都不会据理力争。争执的结果，虽是夺回了道理，却是失去了温馨与和谐。

在婚姻生活中不较真，是要我们懂得接受另一半的不完美，并努力让它变得更好。因此，在生活中，聪明的男女往往用宽容与理解演绎着爱情的幸福生活，而愚笨的男女却只能品尝较真的苦果。

适合自己的，才幸福

每个人都有不同于他人的幸福。于我而言，有班可上，工作不算太累，下班看看书、码码字，就算是幸福生活了。而老公却说我：“你这样把自己弄得多累啊！上了一天班，回家还看书，坐在电脑前写稿，脑细胞都不知要死多少，那又何必呢？”我的幸福，他不懂。谈到年老时的理想生活时，老公说，他的幸福生活就是子孙绕膝，得空时，同几位老友玩点小麻将悠闲度日。玩一辈子的麻将，还玩不累？老公的幸福，我也不懂。

幸福源自内心，每个人想要的幸福都不同。有人说，幸福是过着挥金如土的生活；也有人说，幸福是一家人平安健康和睦；还有人说，幸福是夫妻恩爱携手到老；更有人说，幸福是拥有豪车娇妻。幸福不一而足，你的幸福在他人眼中，或许算不上什么；可他人的幸福，在你眼中，也或许是不屑一顾。这就是为何不少城里人搬到乡下养老的原因，他们呼吸着大自然的新鲜空气，吃着自种的蔬菜水果与家养的鸡，便觉日子幸福无比，而乡村人却羡慕着城里人高楼林立、车水马龙的喧嚣。当你羡慕他人的豪宅与名车时，而你的祖辈们却以能在今天吃饱穿暖为幸福。幸福的标准不同，所以没有可比性。

生活中有许多对夫妻，他们的日子不富有，却也幸福自在，夫妻相敬如宾，孩子聪明伶俐，家庭和睦。可如果哪天和人进行比较，日子便发生了翻天覆地的变化，唠叨、怨言、争吵，昔日的幸福感消失得无影无踪。

有一对高中同学，在高中时爱得死去活来，大学毕业后，还没参加工作，便举行了婚礼。婚后，他们的日子过得并不宽裕，夫妻俩却恩爱如初。直至一天，妻子参加同学会，看到许多同学都开着豪车来的，而自己却转了好几趟公交车，既寒酸，又劳累。瞬间，她心里失衡了，觉得自己丈夫窝囊，挣不到钱。回家后，她当着丈夫的面唠叨，昔日那些同学怎样有钱，而他干了这么多年，还仅仅是公司一个小职员，每月那点工资，还不够某某在酒店请所有同学吃的一顿饭。丈夫闻听此言，不免心生醋意："你去嫁那位同学好了，我承认自己是挣不到钱、窝囊。"妻子本意是想激励丈夫，没料，却是伤了丈夫的自尊心。从此，夫妻二人有了争吵，妻子在他心中的形象也暗淡起来。

夫妻在同他人进行比较的过程中，往往会比掉自信，对夫妻关系不利，给自己带来麻烦，丢失幸福。

同学丽和雨同一天大学毕业，同一天嫁人，彼此老公又是相距不远的近邻。

于是，丽和雨，加两位男人，在婚后，便有了更多的时间在一起，成了相处和睦，人人羡慕的两对夫妻。

不同的是，雨老公家境好，公公婆婆是大学教授，而丽公公婆婆是下岗工人和小摊贩主。

新婚第二天，雨腕上多了对名贵翡翠玉镯，深湖般的绿色，如碧波在雨白藕般的腕部涤动，给姿色平平的雨增添了无尽的魅力。

雨陪丽聊天，一边看丽洗碗，一边伸出手腕向丽炫耀：“这是婆婆花两万元买了送我的。”

雨走后，丽摸着尽是洗洁精的光腕，心理开始失衡。论才，论貌，雨哪点比自己强？丽悲叹一声，没有理会在身后给她按摩双肩的老公，早早地上床歇息了。

后来，雨的老公自办民营企业任厂长了，年收入上百万，而丽的老公仍在原单位拿着低薪，连奶粉都买不起。

雨的男人出息了，当然，雨也跟着吃香喝辣，再也不必朝九晚五地看上司脸色上班，可以悠闲地出入美容美发厅，大摇大摆地逛名牌服饰店。而丽却不同，每天在黄昏菜市收摊时，买最便宜的蔬菜，穿地摊衣服。自然，美容美发厅与名牌服饰店不属于丽进出的范围，还得小心翼翼上班，唯恐惹上司不开心，给她小鞋穿。

丽和雨再也不属于同一世界，于是，丽自卑地拉开了同雨的距离，不再往来。

只是每每遇见坐在高级跑车内的雨，丽心里便莫名地恨起来。恨命运的不公，恨老公没出息。因为充满了仇恨，脸上再也没有了阳光般的笑容，见到谁都爱生气，似乎全世界的人都得罪了她。

这负面情绪带到工作中，得罪了上司与同事，处处不顺，带到家庭中，连夫妻间也变得磕磕绊绊起来。

直至有一天，丽和老公再次争吵，老公忍无可忍地向丽提出离婚后，丽才恍然大悟。因为心理失衡，她的婚姻已经岌岌可危。

生活的天平靠自己把握。抱着一颗淡泊之心去过好自己的生活，你才会觉得幸福，和他人进行比较，你永远都不会知足，永远都会有不如意。因为，人中有人，天外有天。我们要有知足常乐的心态，不和人比，过好自己的生活，自己感受到幸福就足够了。只因，别人的幸福不一定适合你。就如同老公打打麻将、带带小孙子，悠闲度日的幸福观与我轻松工作、读书与码字的幸福观。他的幸福不适合我，我的幸福也不适合他，虽有争吵，但并不妨碍我们一起慢慢变老。只因，我们彼此约定，互不干涉对方的幸福。

同学林霞在老公赚了很多钱后，辞了工作，做起了专职家庭主妇。我们一帮女同学羡慕极了，私下里感叹，还是找一位有钱男人好，再也不用朝九晚五地上班，每天睡到自然醒，健身、美容、逛公园、打打麻将……想怎么玩就怎么玩。不料，林霞却苦着脸对我们一帮人说：“不是老公亲自去帮我辞了工作，我才不愿辞呢！每天一个人待在家里，既孤单、乏味又无聊，有什么好玩的。谁有适合我的工作？帮我介绍一份！不然，我明天去人才市场看看，待在家里无所事事的感觉真的好难受，还是上班幸福，生活充实，还有工资可拿。”有同学不免讥讽她一番：“你真是身在福中不知福！你又不缺钱，没看见我们为那点工资，每天忙得和龟孙子似的，工作有什么好？”见林霞同学不似在作秀，而是真心想去上班，众同学又不免感慨一番：“真是傻女人！有福不会享受！”

同学们眼中的幸福，对于勤劳惯了的林霞来说，真是一种痛苦。她不喜化妆打扮，不爱往美容院跑，她讨厌打麻将，当然也不会将闲暇的时间用于麻将馆，而除此之外，丈夫在外工作，儿子在外地上学，平时连个说话的人也没有，待在家里，于她不是一种折磨吗？而那些羡慕林霞的几位女同学，大都爱玩，爱往美容院跑，爱旅游，这样的生活不正适合她们吗？因此，她们对林霞只有羡慕、嫉妒的份了。

什么是幸福？当我们走进围城时，才发现适合自己的就是幸福，婚姻的鞋子适不适脚，只有自己才知道。别盲目和人攀比，那只能放大你的不如意，让生活变得不幸福。走进围城，夫妻都要珍惜彼此，不要身在福中不知福，要真诚感谢那个愿意和你相伴你一生的人，而不是他人的财富、名利等一切与己无关的东西。懂得这些，便懂得了幸福。

爱要大声说出来

抓住属于你自己的幸福，才不会让幸福悄悄溜走，导致遗憾终身。受封建思想的影响，在很多人心里，女性应该是隐忍、含蓄的，即使遇见自己喜欢的人，也不能表现得过于主动，显得有失女性的矜持与自尊。故在 20 世纪 80 年代以前，是很少看见相恋的男女手挽着手出现在大街上秀恩爱的。直到现在，依然有很多女性在自己所爱的人面前，表现得过于羞怯与胆小，强烈的自尊心令她们害怕被男人拒绝，或害怕受到他人的指点与非议，从而与自己心仪的男人失之交臂。

“爱”是发自于心底最真实的呼声，你不表白或用某种含蓄的方式向对方证明，对方也许一直蒙在鼓里。毕竟，两个人同时产生火花的机遇很小。也许你很平凡，没有漂亮的外表与特殊才能，不够引人注目。但当我们把绣球抛给对方时，对方才会留意到你，关注到你。也许，他会在内心里对自己说：“这个女孩看起来还不错，以前我怎么就没留意过她呢？”自此，他会关注你的一点一滴，经过几次接触与了解，发现你有不少优点，两个人情投意合时，便点燃了爱情，随后两个人便很自然地走到一起了。

上大学时，同系有位性格腼腆的漂亮女生名叫杜丽娜，她爱上了高大帅气的男孩萧飞。尽管萧飞经常向她借书阅读，可杜丽娜还是不敢向他大胆表白。有一天，杜丽娜终于鼓足勇气写了一封长长的求爱信夹杂在小说中，她知道，萧飞每隔几天就会向她归还旧小说，再借阅新小说看。在萧飞归还旧小说、翻阅新小说的时候，信件不小心从里面掉落出来，就在萧飞弯腰拾起，正打算展开来看时，女子的羞涩令杜丽娜从他手中抢过信件，随手撕成一片片，扔进了垃圾桶。没多久，萧飞就与杜丽娜好友王子娟相恋了，为此，杜丽娜伤心难过了很久。

十年后的大学同学聚会上，刚从失败婚姻中走出来的杜丽娜遇见了萧飞和她的好友王子娟。而此时，萧飞与王子娟早已结婚，并且，两人已生育了一女，一家三口幸福快乐着。老同学相见，分外高兴。王子娟拉着杜丽娜聊天，在聊到大学时代的生活时，杜丽娜才知，大学时期萧飞真正爱的人是她，为了同杜丽娜多接触，萧飞频频向她借书。有一天，在归还书时，萧飞甚至在书的扉页上写下了表达爱慕的句子。可那本书，在萧飞归还后，就被杜丽娜扔在了一边，当然，她没有看到。于是，两个彼此爱慕的人，最终却没能走到一起，这确实是一件非常遗憾的事。

杜丽娜听完王子娟是怎样追求萧飞的恋爱经历后，非常后悔地想，自己当年怎么就不大胆点呢？她为那封熬了大半宿写成而又毁于她手的情书，后悔得不停叹气。

杜丽娜之所以要撕碎那封信，无非是女子的矜持与面子在作怪。其实，那点面子同你真正想要的爱情与幸福相比又算得了什么呢？

也曾见过一同事的婚姻，夫妻俩非常恩爱。无论去哪儿，两人都会在一起。在一次酒宴上，有人追问他们，到底谁先追求谁时，他俩争论得不可开交。男方说："是她先追的，她知道我早晨有赖床的习惯，总是来不及吃早餐，于是，每天她会在我的办公室抽屉里放上买好的早餐。"女方则红着脸分辩："是他每天在下晚班后，提出要送我回家，我都上楼睡觉了，他还傻乎乎地赖在我家楼下不走。"夫妻俩争论到最后，也没争个高下，反倒争得一脸幸福的笑容。此时，满酒桌的人笑了。不管是谁先追求谁的，又有什么关系呢？彼此有情有义，才会碰撞出爱情的火花。看着他们夫妻俩那样幸福的生活，无论是谁先追谁，都令人佩服、感叹、羡慕！

我们向心中所爱的人大胆告白，就是不给你的人生留下遗憾。有位女孩心中一直爱着一位消防战士，那位消防战士也非常爱她。在每次执行任务前，他都会给女孩发条短信说："我走了！爱你！"每次，女孩都会用简短的三个字回复他："小心点！"那位消防战士觉得很失落，很希望女孩也能向他表明心意。于是，发短信试探性地问："你不能再对我说点什么吗？"女孩明白男孩想要她的表白，却仍是装糊涂地回短信道："有什么好说的？"就在那次执行任务的过程中，那位消防战士为了抢救一名困在火场中的老太太，被倒塌的房梁砸中，永远没能出来。那位女孩得知消息后，非常后悔，她流着泪对着他献身的火场说了千万句的“我爱你！”可这一切，她心中的恋人再也听不见了。

当然，我们的爱也有遭遇尴尬的时候，当对方心有所属时，我们的表白就显得极不合时宜了。而此时，我们就要通过多观察，观察对方看自己的眼神，体味他说话的神态、语气，是否对自己存在着好感。如果他没注意到你，这没关系，你要想尽办法，打入他的视野，让他重视到你，当然这些都是需要技巧的，否则，容易弄巧成拙。

曾记得上高中时，有位男生喜欢上了邻桌一女生，可邻桌女生对他毫无好感。有一天，那位男生按捺不住心底的爱慕，给女生写了一封长长的求爱信，并塞进女生的抽屉。女生看到信后，既气又恼，她将信交到班主任手中。随后，班主任将那位男生当着全班同学的面狠狠批评了一顿，甚至，还请来家长，又让男生当着全班的面做了检讨。从此，男生求爱不成的故事就在全班，甚至全校成了笑柄。可见，求爱有风险，还是要谨慎的。

我倒是觉得那位男生挺可爱，心中有爱，大胆表白，总比憋在心里，一人苦苦相思成疾要好。如果你的爱是真的，大胆向对方说出来，就像《流浪者》里的丽达、《尼罗河上的惨案》里的杰奎琳、

《泰坦尼克号》里的罗斯，大声地毫无愧色地告诉对方：“我爱你，你也爱我吗？”

以这样直白的方式去谈情说爱，将能缩短求爱的过程与时间，及早奔向二人甚至三人世界的幸福婚恋生活。这对于竞争激烈、身负生活压力的年轻一代来说是大有裨益的。

即使我们遭遇尴尬，也比守着心中那份孤零零的爱无所适从要好，至少，我们可以弄明白是该放弃，还是该继续投入情感。

当然年轻女性大胆求爱时，也往往会被那些居心不良的感情骗子所利用。他们看重的并非情感，而是色与利。所以，女性在向男方表白时，一定要进行多方面考察，切不可随性地去爱。我们要考察的不仅仅是对方的事业、人品，还包括他的父母以及其他家庭成员情况。盲目去爱，会让女性深受其害。

想说爱你，是一件很不容易的事，它一定是经过无数个白天与无数个黑夜的深思熟虑与苦苦相思。大胆说爱的女性，我们不仅欣赏她特立独行的坦率个性，更赞赏她敢为自己幸福做出的勇敢之举。

愿意为你低头

有些男人或女人在家庭中，永远都是要强的一方，任性、蛮横、骄纵，居高临下看人。而这些“昂头族”，大多才能出众，仗着自己能力非凡，权力或财力了得，便不把对方放在眼里，认为对方就要无条件服从自己。这种不懂得尊重的婚姻，势必终会解体。男女走进围城后，就是人格平等的两个人，彼此互尊互爱。权力再大的女性，在家庭中也只是一名普通的妻子，即使是指挥着千军万马的将军，在妻子面前，也仅仅是一名普通的丈夫。

我想大家都知道英国女王伊丽莎白的故事。一天，伊丽莎白应酬到很晚才回家。她发现卧室的门紧关着，使劲拧钥匙怎么也打不开。她估计丈夫已熟睡，便使劲地敲门。丈夫在屋内问：“是谁？”她毫不犹豫地回答：“我是女王！”过了好半天，门都没有动静，女王又继续敲门，丈夫又问：“你到底是谁？”伊丽莎白心里有些生气，难道丈夫不知道女王是谁吗？尽管生气，她还是耐着性子回答：“我是伊丽莎白啊！”等待半天，门仍是没开。伊丽莎白似乎意识到了什么，她想一想，换了一句话回答说：“亲爱的，我是你的妻子伊丽莎白啊！”听到这里，丈夫才给她开了门。从那以后，伊丽莎白再也不敢在丈夫面前以女王自称。

在爱情面前，夫妻是平等的，没有谁尊谁卑。在皇宫里，女王是所有大臣与百姓对她的尊称，回到家里，她的角色已经发生了变化，不再是权势显赫的女王，而是一位与丈夫身份平等的妻子。没有任何女人有资格在爱人面前盛气凌人，也没有任何一位男人能有权力在自己妻子面前颐指气使。那些盛气凌人与颐指气使的夫妻，不可能拥有和谐美满的婚姻。只因，夫妻间不是上级与下级的关系，更不是君主与臣民的关系，而是平等互助、互尊互爱的爱人关系。夫妻中的任意一方，如果你连自己的角色定位都还没找准的话，想要得到幸福就很难了。

这里给大家讲述一个友人的故事，她的经历告诉我们每一位即将步入围城或是已在围城中的女性，切莫把自己当高傲的公主或傲视一切的女王看待，要学会容忍与低头迁就。两个成长背景、个性不同的人组建一个家庭，日日在同一个锅里舀饭吃，同一张床上睡觉，难免会发生矛盾。当矛盾一发生，不可能如小孩过家家那般，立马分手不和你玩了，而是要想办法如何解决矛盾，这就必须要其中的一方先低头道歉，缓和关系，再共同想出解决的办法。如果谁都不想低头认错，都认为自己有理，不愿迁就对方，矛盾势必永不能解决，直至矛盾恶化，夫妻关系也就维持不下去了。经历一些挫折，也许有些人才学会低头。下面这则是我友人的故事，希望对一些女性有所启发。

第一次婚姻，她是高傲的皇后，颐指气使，任性霸道，骄横无理。在他面前，她从来都是高昂着头，无论对错，都不愿低头迁就。

直至一日，他和一相貌平平的女子好上了。无论哪方面，那女子均不及她，可他执意要离。原来，他爱的仅仅是女子的体贴关爱与俯身低就。

从伤痛中走出来后，她有了第二次婚姻。第二次婚姻里，她不再任性与霸道，而是试着为心爱的男人做些什么。清晨，她会为正准备去上班的男人备好营养早餐。在男人情绪不佳时，她不再无理地烦扰他，而是给他足够的自由空间独自思索，待情绪稍稍稳定些，再去抚慰他。面对男人小小的错误与缺点，她不再锱铢必较，而是用一颗宽厚容忍的心去爱与感化。

她的善解人意与体贴关爱深深地打动了他，他一心一意对她好。

如今，她和他已到了不惑之年，他们的婚姻并没有因子女问题和各种琐事的缠绕而变质，反而更加和美幸福了。晚饭后，他们仍如相恋时那样手牵着手散步，他亲昵地叫她小妮子，甚至，在无人时，在她耳旁悄声说“我爱你”！她身体不好，他便给予她更多的关爱与呵护。

无论在哪儿，他俩都是手牵手。无论干什么，彼此都会有同样的想法。有人说，她和他简直像一个人，这样的婚姻太完美了。

采访她，谈及他和她的幸福，她笑着对我说:“我迁就他，他迁就我。”

她的所谓迁就，即为低头。她说:“第一次失败的婚姻让我懂得了，谁对谁错不重要，谁吃亏谁讨好也不重要，重要的是，我爱他，愿意为他付出一切。幸福的婚姻便是肯低头迁就对方。”

可有些夫妻明知是自己错了，却磨不开面子去道歉，最后反而把丁点儿小事弄大。

马小姐和丈夫林先生相恋五年，于前年年底结婚，如今儿子刚满一岁。在恋爱时期，他们夫妻俩也会有争吵，争吵之后便是冷战，每次冷战到两三天，无论谁的对错，林先生准会低头向她赔礼道歉。而这次，他们夫妻俩已经冷战了一个多月，却仍没有和好的迹象，只因她伤害了林先生的母亲。其实，她也不是故意的。

自她生下宝宝后，林先生母亲便从乡下来到了儿子儿媳家里，任劳任怨地担起了照顾一家人的任务。林母每天天还没亮就赶往菜市场买菜，随后，做好一家人的早餐，儿子吃后去上班。儿媳吃后，也得去照看自己开的化妆品店。接下来的时间，林先生母亲就要担负起照顾孙子、收拾房间、给他们做午饭与晚餐的工作，每天累得腰酸背痛，几乎没有时间休息。

那天中午，即将到了午餐时间，林先生母亲看着时间不早了，为不耽误夫妻俩下午上班时间。她急忙放下还没收拾干净的屋子，去厨房做饭。她一边做饭，还要一边拿眼瞟着独自一人在床上玩耍的孙子。孙子似乎也知道奶奶很忙，很少吵闹，在自己那张有护栏的小床上欢快地玩着一个毛线球。就在奶奶炒了一个菜，再看一眼孙子时，发现他竟然爬上了护栏。奶奶扔下锅铲冲过去，还是没来得及，小孙子头朝下，摔在了地板上，额头瞬间隆起了一个鸡蛋大小的包块。孙子疼得哭闹不止，奶奶一边心疼地用手揉着包块，一边咒骂着这该死的床。此时，回家吃午饭的儿媳，推开门看到孩子大声啼哭的这一幕，心痛无比，又看到奶奶还在用力地揉着包块，更加重了儿子的疼痛感，她一时生气，用力推开婆婆说："别揉了！都不知干了些啥！连个孩子也照看不好！"说完，马小姐就去哄儿子了，又找来消肿的常备药水，给儿子擦上，直到儿子不哭不闹了，她才发现婆婆不见了。

她和丈夫到处寻找，才发现婆婆独自躲在卫生间里默默流着泪水。那天，丈夫和她争吵，她很生气，也没理会婆婆，婆婆独自一人回了乡下。此后，丈夫同她冷战。冷战期间，她也曾自责过，婆婆照料自己一家人，很是辛苦，自己真不该那样对她。可对于丈夫，她又有些怨恼，作为一位母亲，谁看见自己儿子摔成那样心里不疼呢？丈夫应该理解自己当时的心情才是，怎么能当着婆婆面和自己争吵呢？这也太不男人了吧？她本想同丈夫谈谈，让他陪自己去乡下，跟婆婆道个歉，可想到丈夫看她时眼神的冷漠，好多次，涌上嘴边的话，却又咽了回去。她甚至还在想着丈夫会如婚前一样，先向她道歉，她再去给婆婆道歉。直至，有一天，丈夫递给她一份离婚协议书，并告诉她，自己有了新欢时，她才流下了悔恨的泪水。其实，夫妻双方谁先低头，并不重要，重要的是，及时挽回了夫妻间的感情。夫妻间谁对谁错本无道理可讲，面子在夫妻感情与幸福面前毫无价值，当我们拥有了面子时，情感的里子可能已被伤得千疮百孔。

也许有人会说，迁就对方，会不会让对方得寸进尺？迁就并不等同于软弱，你要让对方知道，你迁就他（她），是爱他（她），而不是惧怕他（她）。当对方懂得了你的迁就与包容时，一定会更爱你。因为，这样一位让自己过得舒心的男人或女人，没有理由不爱吧？

幸福有时也靠“晒”

自从有了微信朋友圈，友人们私下拥有的幸福心事与物品，便全都晒到了网上。尤其是女人们，要晒的东西可多了，男友或老公与自己的亲密照，他们送的新衣、新鞋、新包、玫瑰花、钻戒与项链，都可作为晒的理由。一条微信接着一条微信，一组恩爱图片接着一组恩爱图片，看得我心生无限妒意。有时，仍然不免疑惑，那些晒的友人们，婚姻真是如此幸福吗？其实，也未必。有人晒着幸福，以博得众人的眼球，引起朋友的关注，提高自信心；还有些人晒着幸福是为了维护另一半的尊严；更有一些人将晒作为维护自己婚姻的武器。

当我们的婚姻因不和谐而被外人所知时，无论是哪一方都会受到外人的指指点点，遭受到非议，甚至会影响到人际关系。那些晒着幸福的女人，她们一方面为了博得朋友的关注，为自己赢得人气，一方面也为了给自己长脸。试想一下，一个自己男人如此尊重、如此喜欢的女人，即使有着众多缺点，也没谁敢说你的不是。只因，得罪了她，也就等同于得罪了她的男人，那些喜欢聚在一起说三道四的女人们多少都有点畏惧；而那些在丈夫心里没有地位的女性，在朋友当中，也不会受到重视。她们会认为，你一定是哪些方面做得不够好，自家男人才不把你当回事，于是，朋友们多少有点看不起你。因此，女人们在晒着与男人的恩爱时，就是为了给自己增长自信。拥有自己男人的爱时，也会得到他人的尊重与喜欢。只因，拥有爱的女人阳光、温暖、自信，和她打交道，心情也会变得舒畅，却没有人喜欢同夫妻不和睦的怨妇型女人打交道，那样会觉得比挑了百斤的担子走山路还累。

曾见过一位精神抑郁的女人，和丈夫的情感生活过得并不太平。在一次闲聊时，她对我讲了她丈夫的种种不是，包括限制她的人身自由，甚至还会动手打她。说到激动处，她说她恨不能杀了他。她还说，她打算去买一包老鼠药放进丈夫的饭碗里毒死他。当她将身上被丈夫打的瘀青展示给我看时，我心里既难过又愤怒。我给她出主意说："这种男人还不赶紧离开他，还跟着他干吗？"

女人垂着头说："我没有工作，只能依靠他供我生活。"

"那你去找工作呀！"

"找的工作都不如意！"

我再也无语了，既然想离开他，就应不顾一切。再怎么不如意的工作，也比待在家里遭受家暴好。

临走时，我对她说："你到法院起诉他吧！"

她说不行，他们还有一个女儿，她不能让女儿没有完整的家。

我真是差点要泪崩了。

一连好多天，我的心情受到了她的影响都不开心。我甚至会担心，她会不会被丈夫打死？抑或，她丈夫会不会被她毒死？那段时间，我总是做着关于她的噩梦。醒来，查看她的朋友圈，一切安然无恙，她的朋友圈里记载着她所有的心情，郁闷的，难过的，读罢总让人心情沉重得如背上了上百斤的磨盘。

后来，我发现这样的情绪已经严重影响了我的睡眠，于是，我屏蔽了她的朋友圈，此后，再也看不到与她有关的任何负面心情了。

一个婚姻不幸的女人，她给朋友带来的不是快乐，而是沉重的心情与无尽的担忧。这就是很多人更乐意同婚姻幸福的女人打交道的原因了，她的幸福能提升你的幸福感。因此，当你看到一位丈夫饱含深情地送给妻子一束玫瑰花时，尽管这束花与你没有任何关系，相信作为旁观者的你也会被那种甜蜜的幸福感紧紧包裹着。

还有人晒着幸福，是为了给自己的男人以尊严。丈夫们平时都很忙，很少有男人同妻子特意寻求浪漫的。那天也许是个偶然，丈夫忽然想到今天是妻子的生日，路过花店，恰好看到一束康乃馨开得温情浪漫，便买下了。随手扔到桌上，却令妻子感动得一塌糊涂。结婚十多年，这在往常是从没有过的事，当然值得留恋与炫耀。很自然，与丈夫庆祝生日的温馨场面与这束康乃馨又上了朋友圈。仅仅是一束花，就能让妻子感动如此，在朋友圈大晒恩爱，丈夫会想起从前对妻子的疏忽，便无限愧疚起来，此后，对妻子不得不好。而妻子晒着幸福时，也在想着，我必须让朋友们看看，我丈夫既会挣钱，又并非不懂浪漫与温情，你们的丈夫能比我丈夫优秀吗？相信丈夫看了妻子朋友圈，内心定是满满的自豪感。让一个女人如此仰慕的男人，他定不会辜负女人。

还有些晒，是维护婚姻的最重要方式与智慧技巧。在不动声色中，就让情敌败下阵来。这种手段，脑洞需开得够大，女人们可得学着点。下面这则是女友智胜小三的故事，女人们学会了晒的这招，有着花花肠子的男人们可得当心点，“要不莫伸手，伸手则被抓。”

这段时间，女友常在办公室内大晒她和丈夫的恩爱。如早起时，夫为自己描眉、梳头；晚归时，给自己抓痒挠背；做自己喜欢吃的八宝饭、红烧鱼……

女友夸夸其谈，满嘴唾沫横飞。不知情的人，还真以为她有多幸福。而办公室内所有知情者都骂她是个易被忽悠的糊涂虫，丈夫都有了别的女人，还秀恩爱，岂不可笑？可谁都不忍心说破，唯恐伤了这个笨女人的心。

女友的生日，丈夫第一次送给她一枚钻戒。钻戒上镶嵌着蓝色的宝石，清润如水滴般的形状设计，既润泽又小巧，佩戴在她粗黑的手指上，虽有些不协调，可还是令她感动得几乎落泪。

第二天一大早，她就戴着那枚钻戒上班了。她特意翘起那根戴钻戒的手指头，问办公室内所有人："漂亮吗？老公送的。"

而此时，她的情敌，一位皮肤白皙的漂亮女孩，正戴着同她一模一样的钻戒闷声不响地整理文件。那钻戒的光芒令白皙的手指更显纤巧，同时，也映衬着她的重重心事。

忽然，女友的眼光就飘落在情敌手上了，慢慢走过去，抓起女孩白玉般的手，不无羡慕地说："呀，一模一样的钻戒，你戴着漂亮多了！一定是男友送的吧？"

没容女孩说话，女友就独自说开了："当年，我的手指也是这么白嫩，可惜，那时穷，买不起钻戒。可如今，一双手变黑了，变粗糙了，再戴这玩意儿，怎么也不好看，我不让他买，可他非要买了补偿我！还说，我占据他生命的最大部分，不买给我给谁啊……"

女孩莫名生气，挣脱她的手，面无表情地转身离开。她愣了一会儿，便投入紧张繁忙的工作中。

丈夫买了和情人一模一样的戒指送她，以补偿自己的愧疚，而女友却幸福得找不到北。我很为女友的婚姻担心——有一天事情败露，女友能承受得住如此重大的打击吗？

没料到，我的担心竟是多余。没过多久，女友丈夫就同那位女孩断绝了一切关系，不再往来；就连女孩也去了另一家分公司。

我有些诧异，他们为何那么快就分手了？

有知情人告诉我，那女孩受不了男人爱着她的同时，还那样爱着他的妻子。

于是，即将发生在女友家里的家庭风暴，就这样烟消云散了。

曾以为，这一切女友不知，谁料，一日闲聊时，女友竟然主动提起她婚姻所遭受的重大考验。

值得高兴的是，女友以她的智慧挽救了她的婚姻。其实，女友一点也不糊涂！

看来，偶尔把婚姻的幸福晒一晒，是会有好处的，它会晒掉婚姻中的阴霾，让爱情变得阳光、温暖，更加牢不可破。

你不必向任何人要安全感

女人可以不美，但一定要活得内心充盈饱满，活出自信，活出自我风采，只因，婚姻爱情不是你生活的全部。

有些女人在婚后，为了家庭的需要，做起了家庭主妇。她们为家庭日日操劳，成天围着锅碗瓢盆与孩子老公转，没有了事业，将一切希望都寄托于孩子与老公身上，更没了自己的理想与追求。可当她们将所有的青春都付诸家庭，变得人老珠黄，却因为思想跟不上老公与这个时代的进步，而被人嫌弃，甚至抛弃。那时，悲伤、哭泣、大骂那个负心的男人，也无济于事。女人只有自己强大起来，不依赖男人，才能为自己的幸福保驾护航。

见过一位五十多岁的女性，因患乳腺癌做过手术，缺失了一只乳房的她，并没有自卑、难过。她装了假乳，如年轻女子那样将自己打扮得倩丽时尚，她跳健身操，身材婀娜得如同二十多岁的少女，脸部光滑，没有丁点皱纹。有时，她会受邀去小学或中学免费给学生上书法课，只因她是一位书法爱好者，其书法作品曾在全国获过不少奖。在不忙的时候，她会背上背包独自到全国各地旅行。她到美容院办了会员卡，每周都会定期去美容。她性格开朗、活泼，走在路上，很远就能听到她银铃般的笑声。几个女伴在一起聊天谈到身材时，她甚至会扭着臀部问：“我的屁股翘不翘？”

一位身体残缺不全、年过五旬仍能扭着腰身问自己臂部翘不翘的女人，一定是自信、阳光、魅力四射的。这样的女人知性、优雅，有着如花般绽放的心灵，不会随时间流逝以及身体的不完美而凋零。

女人只有内心充盈了，她心灵的花才会永不凋零。内心充盈则需要女人有独立的经济、人格、兴趣爱好、自信、被困难击不垮的乐观精神。

首先，女人必须经济独立。有人说：“天底下肯为你无偿付出一切的那个男人，只有你爸。”父母在养育我们时，可以不讲求报酬，而老公不是爸，他没有义务无偿供给你吃喝玩乐。夫妻是平等的，两个人对家庭都要承担着相应的职责与义务。男人的职责是养家糊口，在社会竞争力日益增强的今天，如果你的职责意识仍然停留在封建社会生儿育女的思想上，你的思想势必会因赶不上社会发展的节奏，而变得狭隘、孤立。在家里，也会没有自主权与地位的。新时代的女性，一方面要承担着生儿育女的重任，另一方面还要有一份独立事业。事业是女人的尊严，女人只有在经济上不依靠男人，变得强大，才避免了向男人伸手要钱的尴尬，内心也会变得自信、从容。

几年前，和一位友人在餐厅吃饭，而邻桌是几位男士，他们把酒言欢，荤段子频频暴出，好不高兴。有一位三十多岁的男子，脖子上戴着近拇指粗的金项链，手腕戴着名表，估计是位新发家致富的土豪。只见，男人右手拿酒杯，而左手边却拥着一位颇有几分姿色的女人。几杯酒下喉，男人便无所顾忌地唾液横飞，他得意扬扬地向全桌人炫耀起了自己的泡妞史。他说她所泡的那些女孩是如何美，如何依恋她，得意之情溢于言表，只缘于他舍得给她们花钱。而一旁的女子也不介意，还频频给他敬酒。饭局中途，他接了个电话，脸色大变，有一哥们儿问:“怎么？老婆大人打来的？”男人不屑一顾地说:“她才不敢管我呢！是一甩不掉的女孩打来的。”那哥们儿惊愕地问:“怎么？连老婆都不怕？”男人答:“怕她？我给她钱花就够不错了，她没工作，全依赖我，还怕我休了她呢！”男人说完，朝身旁的女人色迷迷一笑，举起酒杯，对全桌人说，“干！干她娘的！想威胁我，没门儿！我是吓大的！”估计男人是受了先前那番电话的刺激，才说出这番话来的。而我却为男人的老婆感到悲哀，这种男人怎配拥有完整的家与女人的付出？没有爱的婚姻，除了消磨自己的青春，女人还能从婚姻中得到什么？就凭那点零花钱与家用，自己就要侍奉这种男人一辈子吗？两个人在一起生活，互相尊重，相敬如宾，恩恩爱爱，幸福美满，喝水都是甜的。无爱的婚姻给自己身心带来的伤害，是任何补品也无法补救的。

其次，女人要不断给自己充电，丰富自己的知识与阅历，让自己的思想变得强大。女人给自己充电，就是补充自己的内涵与气质。一个外在无论有多美的女人，倘若见识浅陋，知识贫乏，行为举止欠缺修养，势必也不会有任何美感可言的。就如在大街上遇见的一个漂亮女郎，可一张口就是污言秽语，你还会觉得她美吗？一个人的内涵与气质并不是先天得来的，而是靠后天的修养与努力得来的。一项社会调查研究表明，那些受男人追捧的女子，外表并非有多漂亮，而是知识能力均占优势的女性，她们待人处事的随和大度，内心谦和，宠辱不惊，行为得体，气质优雅，由内向外散发着强大的气场。而这种气场是知识贫乏、内心浅薄的女人无法表现出来的。

最后，女人应该在人格与情感上独立，有自己的判断力、观点、看法与个人价值。在精神上不依赖男人，没有男人的爱，照样活出精彩、快乐。这样，你就不会受到男人的情绪与喜好所左右，做优雅的自己，做自己想做的事，做最美的自己。下面这位女性就是如此。

婚后，她为了他的事业，放弃了自己引以为豪的工作，像个老妈子一样一心一意地相夫教子。为他做可口的饭菜，为他煲喜欢喝的营养汤汁。

她是贤惠的，地板上永远是一尘不染的亮丽光色，厨房里永远飘着怡人的清香，孩子的奖状挂满了墙头。看着墙头放大的一家三口的幸福照片，她自豪地笑了。

日子就这样琐碎地从她面颊与指间流过，他的事业风生水起，有了自己的公司。她的手指变粗糙了，面色变黄了，脸上有了皱纹，想着他时，她心甘情愿。

这时，她发现他的工作越来越忙了，也回来得越来越晚了，即使回到家也是满身酒气地倒头就睡。她敏锐地发现他看她的眼神淡漠，全然没了先前的那种疼惜与关爱。女人的第六感告诉她，他有了外遇。

为了证实，和所有乱俗的女人一样，算准下班的时间，她跟踪了他。看到他的那一刻，她几乎晕厥。远远的，他和一个年轻女人肩并肩地从公司里出来，一路说笑着，举止暧昧。众目睽睽之下，年轻女人坐上了他的车，车载着他们的欢声笑语绝尘而去。那个年轻女人她认识，是他公司里的职员，也是他的业务骨干。

她不知自己是如何走回家的，她看着镜子里未老先衰的容颜泪流满面，最好的青春与年华都给了他，如今，她已经一无所有。

那天，她想了很多，她想着离开这个她付出了全部身心与青春年华的家，可是，离了他，自己能去哪儿？这么多年家庭主妇的生涯，已将自己的本职工作忘得一干二净。离开了他，她将失去生活来源。可不离，她又不甘心他与那个女人暗度陈仓。

于是，她和他争吵，她向他哭泣，字字泪泪诉说着自己的不易，甚至，不惜以自杀相逼，企图挽回他对她的爱。而他，一脸冷漠与决绝，执意要离。

她心灰意冷，终于在离婚协议上签了字。

她重新找了份工作。此后，她发现一个人的日子其实很惬意，忙完工作后，可以跳舞，可以拾起自己多年不看的书本，可以去会多年不见的老同学、闺蜜，更有了时间精心打扮，她变得光彩四射，而不是从前那个因繁多家务忙碌得无暇打理自己的保姆。她活得很开心，很快乐！并很庆幸自己离开了他。

其实，女人的心犹如一朵花，花开花谢，全由自己主宰。只是任何时候，都不要忘了，让心里的花儿永远绽放，当爱情碎成满地的玻璃碴，你会发现，那是另一种灿烂四射的美！

女人在任何时候，都不要为了家庭而完全牺牲了自己。也许有人会问："你曾说过女人要为家庭付出，难道付出不是一种牺牲吗？"我要说的是，付出与牺牲是两个完全不同的概念。当你为了家庭而不得不放弃自己的工作时，并不代表牺牲，因为，你还有理想。工作与家庭并不是你的全部，你得有实现自己理想的兴趣与爱好，让自己变得优雅、知性、理智与坚强，而不是一位只知整天围着老公、孩子转的家庭主妇。当你的爱坍塌时，你的整个世界就被毁了。最聪明的女人是懂得将心交付给自己，让自己如花般自由自在地绽放，只有这样的人生才永远不后悔。

女人该有自己的名片

女人相对男人来说，都较男人弱。再加上女人要生儿育女，投入家庭的时间比男人要多。因此，很多女人都只能成为男人背后那个默默无闻的角色，很难被人记起。

可曾丽华是这样一位别具一格的女性。那一天，几位有背景的女人和几位市镇领导，同时受一开发商的邀请，到某酒楼就餐。彼此推让一番，相互就座后，出于礼节，开发商便给几位市镇领导逐一介绍在座的所有女嘉宾了。

当指到那位穿黑色上衣、一脸雍容华贵的女士时，开发商介绍说：“她是我县国土资源局王局长的夫人，她本来身体欠佳，在家休养的，竟然肯赏脸来参加我的宴请。”掌声雷动中，王夫人略带自豪，礼貌地欠了欠身子，以示礼节，便又一屁股坐下。

这时，开发商又指了坐在靠窗位置的一位蓝衣女士说：“她是我县赫赫有名的企业家邱国林老总的夫人，近几天，她本要到国外去度假的，今天被我邀请到了这里，确实很不易。”邱夫人微笑着点点头，站起来，将纤纤玉手穿越桌面，伸向半空中几位市镇领导伸来的手，象征性地盈盈一握，以示问候。

开发商指着某市镇领导旁边一位穿连衣裙的女孩，继续介绍："她是县宣传部长李岱兰的千金，刚刚大学毕业，今天，是她第一次参加社会实践活动，于是，我瞒着她母亲，先请她到我的公司来实践。"掌声再次响起，部长千金腼腆一笑，羞涩地低下了头。

最后，轮到曾丽华了。她公公是退居二线的公安局副局长，却没有人知道她的真实身份乃一小学教师与市作家协会会员。

只见，她默默地喝着冰镇饮料，并不理睬所有人。这时，开发商指着她说话了："她是公安局……"开发商的话还没说完，便被她不满地打断了。她站起来，递给所有人一张名片说："我就是我，别扯上我公公。我名叫曾丽华，小学教师，市作家协会会员。"

这时，现场响起了雷鸣般的掌声，经久不衰，所有人都崇拜地注视着这位别具一格的女子。而先前几位女子，全都惭愧地低下了头。只因，她们头上都笼罩着别人的光环，拥有的是别人的名片，自己是谁，甚至，连姓名也没人知道，岂不是白来世上走一遭？

女人想拥有自己的名片，首先要自立、自强。自立主要是在经济上和精神上独立，当一个女人有了可以谋生的本领，抑或有了一份自己的事业时，在社会劳动的分工中，她就占有了一席之地，而不是依附男人而存在，她的职业就等同于她的名片了。当女人在精神上独立时，她便有了自己的主见与独立的人格，不再事事求助于男人，这样就造就了女性坚强的品格。自强的女人尤使人尊重，她奋发努力，独自成就一番事业，她的光芒足以掩盖她身后的那个男人，从而让人们记住她。

湖北诗人余秀华就是这样一位女人，她自强不息，不甘受平凡的命运所羁绊，拿起了笔，写出了心中的诗行。她成功地把自己的名片呈现给了人们。让全国的诗歌爱好者都知道有这样一个女人，她从平凡的小山村走出来，一路不畏艰难地唱响了自己的理想，余秀华从此便成了一个从弱小者到强者的名片。

马婶不姓马，只因她家男人姓马。自马婶男人因病去世后，她和儿子相依为命，她四处打工，供儿子上大学。前年，马婶因病回到了家乡，贷款办起了牲猪养殖场。买不起猪饲料，她把屋后那片坡地全部种上了南瓜。她每天从早晨五点起床，忙到深夜，才有时间去睡觉。不料，一场猪瘟让她血本无归。三十头仔猪染病在几天内相继死去，马婶哭红了眼睛。尽管财产保险公司赔偿了她一部分损失，可付出的成本仍远远没有收回来。眼见儿子下学期的学费与生活费都还没着落，她不得不再次去城里谋生活。由于没有技术，也没有文化，马婶只能在餐厅里面做洗碗工、打扫卫生等工作。一个月下来，除开生活费，手中仅能落得几百元。如果再这样干下去，到下期开学时，儿子的学费还远远不够，她决定辞职，另外想办法挣钱。

她在城里转了一整天，饥渴难耐时，连水也不舍得买一瓶喝。

走到一条街的拐角处时，一股诱人的饼香味让她更饥饿了。放眼望去，却见一位年近六旬的老人正在路边的一个手推车上卖煎饼，老人摊的煎饼薄而金黄，散发着诱人的光泽。而在老人的煎饼摊前围了不少排队等候的顾客，她的脚步也不由自主地向着那边挪过去。她掏出身上层层包裹着的钱，很是不舍地取出了三元，排了好半天的队，买了一个煎饼。她站在路边，一边咬着煎饼一边看老人手法娴熟地在一口平锅上烙煎饼，心中暗暗计算着一块煎饼的成本，面粉、水、食油、盐、调料与燃料加起来不会超过 1.5 元，包含人工在内，平均每块煎饼老人可赚取一半的钱。若是每天能卖出几百个，不出一个月儿子的学费就有着落了。再说自己不是会做南瓜饼吗？在如今什么都讲求营养与养生的时代，红薯、南瓜等蔬菜都成了防癌、抗癌的最佳绿色食品，受到城里人的喜欢。

说做就做，她立即回家，将自家那台用来拉南瓜的老旧推车请人进行改装。拉了一车南瓜和煤炉，走了好几十里路，才来到城里。她先将南瓜蒸熟和上面粉，制作成南瓜蓉。随后，便摆在一条人员较密集的街边开始摊南瓜饼了。她摊的南瓜饼色泽金黄亮丽，咬起来带着南瓜甜味的薄薄脆香感，没多久，她的摊前立即围满了人。她一边忙碌，一边收钱，遇上城管时，便赶紧拉车走人，待城管一走，又转回来，重新开始煎饼。就这样在与城管捉着迷藏中，除开一些必要的开支，她一个月就赚够了儿子上大学的学费。这让她信心倍增，索性花点钱在一条美食街租下了一间小小的店面，并挂上自己的招牌“李秀花养生南瓜煎饼”。由于她人缘好，南瓜煎饼不仅好吃，营养高，价格也低于面粉煎饼，买的人每天都在她店铺前排起了长队。她几乎每天从早晨五点起床，要忙到午夜十二点，尽管累着，可她心里高兴。

后来，一个人实在忙不过来时，她又雇用了两名帮工。很快，李秀花的南瓜煎饼在小小县城有了名气，每天顾客盈门，再后来，她扩大了店的规模，设立了好几家分店。她的名声传遍小乡镇的四里八乡，人们才知道她不姓马，她的真名就叫李秀花。无论是本地人，还是外地人经过她的店，招牌上那醒目的几个大字“李秀花养生南瓜煎饼”，让路人牢牢记住了她的名字。从此，她的名字在小城里和她的招牌一样响亮。谈起李秀花，很多人都会竖起拇指称赞。我想，这已经足够了，能把自己的名字和产品留在别人心中的，那就是她独特的名片了。

其次，女人拥有自己的名片，要自信。自信是对自己的肯定与认可，如果你自己都不认可自己，也就没办法让别人去了解你，懂得你。女性同男性相比，也有自己的先天优势，如女人细心、耐心，具有恒心，能把工作做得更细致、全面与周到。在爱情与婚姻方面，女人更应该自信，别做攀附于男人身上的花，那样只能让男人看不起。女人要活出你自己的范儿，爱他，却不黏着他，做一个有着独立思想与情感的女性。要让男人知道，离了他，你甚至可以活得更漂亮。

最后，女人要懂得自尊。自尊的女人让人敬畏。当你放下自己的人格与自尊去攀附那些有钱有势的男人时，你就放弃了自尊，得不到男人的尊重与爱。也许，男人迷恋的只是你的青春与美丽容颜，一旦这些随时光流逝，你就只能每天过着以泪洗面的日子。自尊的女人有着如莲般的傲骨，“可远观而不可亵玩焉”！男人只有敬重与倾慕的份。他们将你的名字刻在心中，如神般地敬仰着，却不会轻视与亵渎你。

只有自立自强、自信、自尊的女人，才能活得理直气壮，活得有尊严，将自己的名片牢牢印在人们心中。

后 记

婚姻是爱情的瓜熟蒂落

爱情如同鲜艳的花朵，它有着一定的花期，花开得再艳丽，也总会有凋零的一天。美国康奈尔大学爱情心理学教授坦尼尔·伊露女士，对美国5000对青壮年夫妻进行了抽样问卷调查，并得出结论：男女之间产生真正的爱情，其时间只能保持18~30个月，这就是爱情的保质期。一旦超过了这个时间，相恋的男女再也感受不到爱情的美好。这是因为男女大脑中激发出的三种化学物质——多巴胺、苯乙胺和催产素，逐渐被一种抗新鲜素的抗体所代替。于是，男女间的新鲜感与激情逐渐消失，随之代替的是情感的交融，也就是爱情慢慢向亲情转化。因此，对大多数青年男女来说，爱情只能停留在青春的那一刻，短暂、绚烂、多情而无奈，步入中年或老年，爱情变成了“执子之手，与子偕老”的相濡以沫与相依相伴，这种独特的情感能让婚内夫妻感受到平静的幸福与情感的充盈，内心不再孤寂与恐慌。

婚姻是爱情的瓜熟蒂落。两个走到一起的男女，被生活磨砺得没了激情，没了玫瑰与诗情画意，有的只是日子的琐碎。就是这些琐碎，将两个人的心紧紧磨合在了一起，你的一举一动无不牵扯着他（她）的心。因此，走进围城的我们要懂得珍惜生活的平常，而不要执意追求所谓的风花雪月与爱的浪漫形式。只因，再浪漫的爱情，也敌不过时间的洗礼。唯有过好眼前的日子，你中有我、我中有你地生活着，才是最美的爱。

当一个人愿意为你而改变时，那是因为他心中有你；当一个人愿意将自己的薪水全部交给你，自己仅留极少部分的零花钱时，证明你在他心中占有很重要的地位；当一个人愿意把你的兴趣变成他的兴趣时，也还是因为他心中有你。他，也许不会再说爱你的话，可他的情感都是真实的，可以信赖的；他也许不会送给你鲜花，是因为他把你当作一朵永不凋零的花珍藏在内心；他也许挣不了很多钱给你买礼物，但他会义无反顾地承担起家的重任。我们不能身在福中不知福，不懂珍惜。风花雪月是不食人间烟火的神仙眷侣玩的暧昧，浪漫大多适用于恋爱中的年轻男女，需要金钱与闲情逸致来成就。婚内男女过度追求刺激与浪漫，失去过好日子的平常心，总会得不偿失。毕竟，琐碎的生活与鲜花、浪漫、刺激相去甚远。只有当我们过好琐碎的生活时，才能发现生活的美丽与爱的伟大。

何谓爱？对于婚内男女而言，爱就是珍视琐碎日子的点滴，细心呵护情感的转变，你会发现不同阶段的人生，都会有不同的幸福。如相恋与初婚时的甜美，相守到中年时的淡泊与牵挂，再到晚年时的相依相伴。

婚姻无处不风景，从最初的花到成熟的果，真心相爱的人，走到天荒地老，才能欣赏到最美的风景，得到最完美的人生之果。